감동이 있는 교회는
첫인상부터 다르다

First Impressions

Originally published in the USA.
by Group Publishing, Inc. Under the title
First Impressions: Creating Wow Experiences in Your Church
Copyright © 2013 Mark Waltz
group.com
License arranged through rMaeng2, Seoul, Republic of Korea.
All rights reserved.

This Korean edition Copyright © 2015 by DMI Publishing, a division of SarangPlus, Seoul, Republic of Korea.

이 한국어판의 저작권은 알맹2 에이전시를 통하여 Group Publishing, Inc.와 독점 계약한 (사)사랑플러스에 있습니다. 신저작권법에 의하여 한국 내에서 보호받는 저작물이므로 무단 전재와 무단 복제를 금합니다.

감동이 있는 교회는
첫인상부터 다르다

마크 L. 왈츠 지음 | 서진희 옮김

First Impressions

추천의 글

행복한 가정에 대한 수많은 정의 중에 가장 명쾌하면서도 함축적인 표현은 '들어가고 싶은 곳'입니다. 그렇다면 '가고 싶은 교회, 머물고 싶은 교회, 더 나아가 헌신하고 싶은 교회'란 어떤 곳일까요? 이 질문에 대해 지금껏 모호하고 추상적인 답을 해온 우리와는 다르게, 이 책은 구체적이고 현실적이면서 새로운 시각으로 답하고 있습니다. 저자는 사람들이 다니고 싶어 하는 교회의 물리적 환경, 심리적 환경, 영적 환경을 생생하게 묘사하며, 그런 교회가 되기 위해서 실천해야 할 일들을 조목조목 소개합니다. 또한 복음의 본질을 일상에서 자주 쓰는 마케팅 용어로 전환해 설명하면서, 기존 신자들이 너무나 익숙해서 보지 못하고 느끼지 못하는 것들을 새가족의 관점으로 보여주고 있습니다. 교회 내부만을 바라보는 좁은 시각에서 벗어나 건강하고 매력적인 교회를 세우길 원하는 이들에게 이 책은 최고의 선택이 될 것입니다.

김형준 동안교회 담임목사

'조금 더 잘해야겠다!' 이 책을 읽는 내내 이런 생각이 제 마음을 떠나지 않았습니다. 교회를 처음 찾아온 사람의 입장에서 생각한다 하면서도 나도 모르게 매너리즘에 빠져서 놓치고 있던 것들이 무엇이었는지 돌아보게 되었습니다. 또한 마음속으로 계속해서 이런 다짐들을 하게 되었습니다. '감동을 주는 교회가 되자!' '진짜가 되자!' '예수님처럼 섬기자!' '좋은 첫인상을 주자!' 책장을 넘길 때마다 마치 새로운 형식의 부흥회에 참석한 것 같은 느낌이 들었습니다. 누군가 이렇게 말했습니다. "목회는 한 사람이다." 진심으로 한 사람, 한 사람을 살리길 원하는 동역자에게 적극 추천합니다.

라준석 시드니 새순장로교회 담임목사

기업이든 교회든, 사람의 마음을 끄는 조직이 되려면 최우선으로 삼아야 할 가치가 있습니다. 바로 '고객 감동'이지요. 이 책은 진정한 가치를 잃어가는 세상에서 어떻게 해야 사람들에게 진정한 감동을 줄 수 있는지, 또한 그들을 적극적인 참여자로 변화시키려면 무엇을 해야 하는지에 대해 실제적인 조언을 줍니다. 이 책에 담긴 내용을 충분히 활용한다면, 당신은 교회 문을 열고 들어온 모든 사람에게 강렬한 첫인상을 남길 수 있을 것입니다.

팀 샌더스 디퍼 미디어 최고경영자, 컨설턴트, (전)야후 리더십 코치

서문

사람들은 첫인상을 무척 중요하게 여긴다. 인간관계에서 첫인상의 비중이 갈수록 커지고 있다. 타인의 시선에서 자유롭지 못한 우리는 '이미지를 관리해야' 한다는 부담감 때문에 첫인상에 집착한다. 사람들에게 인정받음으로써 자기의 정체성과 가치를 확신하고 싶어 한다. 그러나 미소 띤 얼굴 뒤에는 슬픔이, 유행을 따른 옷차림 속에는 욕구불만이 자리를 잡았다. 사람들 사이에서 대화의 물결이 부드럽게 오가지만, 그들은 정작 내면의 혼란과 상처를 정직하게 드러내지 못하고 있다.

한편으로 세상은 인위적인 첫인상에 싫증과 회의를 느낀다. 사람들은 진실한 관계를 원한다. 누군가 나를 용납해줄 때 얻을 수 있는 만족감을 갈망한다. 지극히 개인적이면서 종종 혼란스러운 이야기와 문제들을 누군가 알아주길 바란다. 각 사람의 이야기는 정말 중요하다. 그리고 그 이야기들은, 모든 것을 포괄하며 경이롭고 신비하기까지 한 하나님의 이야기 속에서 완벽하게 이해할 수 있다. 이처럼 사람들이 하나님의 이야기와 이웃의 이야기를 듣게 만드는 것이야말로 교회가 해야 할 일이다.

우리 교회가 얼마나 '감동적'인가를 입증하기 위해 교회의 첫인상을 억지로 꾸며낼 수는 있겠지만, 그렇게 한다고 해서 사람들로부터 "와!" 하는 탄성까지 끌어낼 수는 없다. 진정한 첫인상 사역은 사람들이 서 있는 곳에서 그들을 만날 수 있도록 환경을 조성하는 것이다. 첫인상 사역은 개개인의 가치를 파악하는 것이며, 호의를 보이고 용납해주는 것이다. 첫인상 사역은 사람들의 마음을 열어 자기의 이야기를 하나님의 이야기 안에서 발견하게 하며, 이를 통해 변화를 일으킨다. 하나님의 이야기에는 단지 사람들을 모아 거친 광야를 통과하게 함으로써 자신이 누구인지 깨닫게 하는 내용만 있는 것이 아니다. 하나님의 이야기는 영원을 품고 있으며 그분 안에서 함께 살아가는 법을 다룬다.

하나님의 이야기는 감동 그 자체다. 그분의 이야기는 "와!"라는 반응을 이끌어낸다. 하나님의 사람들은 마땅히 그분의 놀라우심과 위엄 그리고 그분의 이야기가 지닌 탁월성을 찬양해야 한다. 또한 그분의 이야기를 드러내고 기릴 수 있는 문화와 환경을 만들어야 한다. 사람들이 교회에서 "와!" 하고 감탄하게 만드는 일은, 해도 되고 안 해도 되는 일이 아니다. 첫인상 사역을 역동적으로 하겠다는 말은 곧 하나님의 이야기를 진리로 받아들이

겠다는 뜻이다.

마크는 이 책에서 지역교회가 그대로 따라 할 수 있을 만큼 실제적이고, 상세하며, 완벽한 설명을 하고 있다. 이 책을 읽으면 '교회에 방문한 이들을 환영하고, 편안하게 대하고, 배려함으로써 그들에게 그리스도의 은혜를 전해야겠다'라는 마음이 샘솟을 것이다. 우리는 오크힐스 교회에서 이 원리를 적용했고, 현장에서 마크의 평가와 조언을 들었다. 덕분에 우리는 교회를 찾아온 사람들에게 효과적으로 다가갈 수 있었다. 마크는 믿을 수 있는 사역자이며, 그가 쓴 책 또한 그러하다.

이 책을 읽으라. 리더 혹은 팀원들과 함께 토론하고 적용하라. 그렇게 한다면 당신에게 감동이 찾아올 것이다.

랜디 프레이지
오크힐스 교회 목사, 《21세기 교회 연구: 공동체》 저자

감사의 글

그레인저 커뮤니티 교회의 '첫인상 사역'을 감당하는 모든 평신도 사역자에게 이 책을 바칩니다. 여러분은 우리 교회를 처음 방문하는 모든 이들에게, '당신은 하나님께 소중한 존재'라는 사실을 알려주고 있습니다. 이 책은 여러분의 이야기입니다. 그레인저 교회가 사람들을 환영하고 섬기는 방식은 바로 여러분의 작품이기 때문입니다. 여러분이 스스로 그것을 만들었고, 받아들였으며, 일상에서 적용해왔습니다. 여러분과 함께할 수 있는 특권이 주어진 것에 대해 감사드립니다. 예수님을 향한 그리고 예수님이 소중하게 여기시는 사람들을 향한 여러분의 사랑과 섬김은 언제나 내게 감동을 줍니다.

삶의 진정한 즐거움은 다른 이들과 함께할 때 느낄 수 있습니다. 나의 삶과 사역에 변함없는 지지와 사랑을 보여준 분들에게 특별히 감사드립니다.

나의 가장 좋은 친구이자 연인이며, 인생의 반려자인 아내 로라에게 감사합니다. 아내는 내 말에 귀를 기울였고, 내게 용기를 불어넣었으며, 기도로 나를 붙들어주었습니다. 나는 아내의 섬김을 통해 하나님을 경험했습니다. 로라, 당신은 나의 보물입니다.

창의적인 발상으로 내게 활력을 주는 올리비아에게 감사합니다. 네가 내 딸이라는 것이 무척 자랑스럽단다!

명확한 비전과 지도력으로 내게 영감을 주고, 충성된 자의 본을 보여준 마크 비슨에게 감사합니다. 하나님이 주신 소명을 충실히 감당하는 그의 모습에 감동을 받았습니다.

나와 함께 그레인저 교회의 노년부를 섬기면서, 함께 수고하고 서로 격려하며 즐거운 시간을 나누었던 팀 스티븐스, 제이슨 밀러, 켐 마이어, 롭 웬거에게 감사합니다.

무언가를 깜빡 잊어버렸을 때, 한밤중에 전화해서 물어봐도 언제나 신실하게 대해준 나의 오랜 친구 러스티 카슨에게 감사합니다.

나를 예수님께로 인도해주시고, 첫인상의 중요성을 가르쳐주신 부모님께 감사합니다.

이 책의 원고를 미리 읽고 함께 기쁨을 나눈 분들에게 진심으로 감사합니다.

나를 신뢰해준 출판사 편집부와 필요한 자료들을 찾을 수 있도록 도와준 모든 이들에게 감사합니다.

차례

추천의 글   4
서문   7
감사의 글   10
프롤로그: 사람들은 첫인상으로 판단한다   14

1. 교회, 소비자를 맞이하다   21
    새가족 바로 알기

2. 그들은 만족이 아니라 감동을 원한다   45
    곳곳에 숨어 있는 장애물 제거하기

3. 스스로 찾아온 영혼을 놓치지 말라   71
    새가족에게 특별한 경험을 선물하기

4. 예배가 시작되기 전에 감동시키라   99
    새가족의 눈높이에 맞게 다가가기

5. 철저한 준비가 감동을 만들어낸다   127
    사역의 우선순위와 소통 방식 점검하기

6. 이런 리더가 새가족을 웃게 한다   **145**
    은사와 기질에 따른 역할 분담

7. 진심을 전하려면 훈련이 필요하다   **165**
    사역의 일관성을 유지하는 기초 훈련

8. 주보만 바꿔도 첫인상이 달라진다   **195**
    마음을 끄는 홍보물 만들기

9. 전화 한 통이 마음을 움직인다   **215**
    주중에도 이어지는 새가족 사역

10. 감동의 싹을 자르지 말라   **233**
    규칙을 지혜롭게 적용하기

에필로그: 주님처럼 섬기라   **261**
주   **264**

프롤로그

사람들은 첫인상으로 판단한다

"무슨 일을 하든지 마음을 다하여 주께 하듯 하고"(골 3:23).
"경험은 인위적으로 만들어낼 수 없다."[1]

언젠가 캐시라는 여성이 우리 교회를 방문했다. 전형적인 유대인인 그녀는 시카고의 한 소그룹 모임에 참석하면서 예수님을 알아가고 있었다. 하지만 그녀는 소그룹에서 교제를 나눈 지 일 년이 지나도록 예수님이 메시아이며 하나님께로 나아가는 유일한 길임을 인정하지 않았다.

어느 날 캐시는 우리 도시에 사는 친척들을 만나러 왔다. 친척들은 그녀를 자기들이 다니는 교회로 초청했고 그녀도 흔쾌히 동의했다. 그러나 그날 그녀는 친척들과 말다툼을 하고 말았다. 캐시는 마음이 상한 나머지 예배에 참석하지 않고 그곳을 떠났다. 그런데 차를 몰고 가던 중에 마침 우리 교회 앞을 지나게 된 것이다. 캐시는 순간 세 자녀와 함께 예배에 참석해야겠다는 마음이 들었다.

캐시는 교회 셔틀버스 기사인 존이 자신과 아이들에게 진정어린 관심을 보이며 따뜻하게 맞이해주는 것을 느꼈다. 교회 건물 안으로 들어가자 환영 팀의 봉사자가 그녀를 예배실로, 아이들을 주일학교로 안내해주었다. 그녀는 예배를 드리면서 친척들과의 말다툼을 까맣게 잊었고, 설교 말씀 한 마디 한 마디를 마음 깊이 받아들였다.

예배가 끝나자 버스 기사 존이 아내와 함께 캐시 곁으로 다가왔다. 부부는 캐시의 가족과 함께 시간을 보내면서 그녀의 질문에 일일이 답해주었다. 그날 시카고로 돌아간 캐시는 친구들을 만나서 이렇게 말했다. "이제 나는 예수님을 나의 구주로 영접할 마음의 준비가 됐어요. 나에게는 그 교회의 버스 기사와 환영 팀 봉사자가 보여준 사랑과 은혜가 필요했던 것 같아요. 나는 이제 그 사랑과 은혜를 누리고 있어요."

이것이 첫인상의 영향력이다. 이 책은 바로 이런 주제, 즉 새 가족 섬김 사역을 다룬다.

우리는 인생을 살아가면서 첫인상이 중요하다는 이야기를 자주 듣는다. 어른들이 당신에게 머리를 단정히 빗으라거나 입가에 남은 음식 자국을 닦으라고 말한 적이 있을 것이다. 첫인상이 좋아야 면접에서 높은 점수를 얻을 수 있다는 말도 들어봤을 것이다. 만약 당신이 성도들에게 설교를 해본 적이 있는 목회자라면, 분명 첫인상의 중요성을 잘 이해할 것이라고 생각한다.

교회의 첫인상도 무척 중요하다. 교회를 처음 방문한 사람들은 건물 혹은 주차장에 발을 들여놓는 순간, 즉 설교나 찬양대의 찬양을 듣기도 전에 첫인상으로 당신의 교회를 판단한다.

나는 교회 방문객들에게 잊지 못할 첫인상을 남기는 것이야말로 사역의 핵심이라고 누누이 가르쳐왔다. 첫인상 사역은 담당 부서가 얼마나 뛰어난지 드러내기 위해 하는 것이 아니다. 사람들이 예수님에게 호감을 느끼도록 돕고, 주님이 소중히 여기는 사람들에게 인격적으로 다가가 그들이 스스로의 가치를 깨달을 수 있도록 돕는 사역이다.

그레인저 커뮤니티 교회에서는 '첫인상 사역'이 모든 사역의 중심이다. 첫인상 사역 팀에 속한 봉사자들은 우리 교회를 방문한 사람들이 다음 주에도 이곳으로 발걸음을 옮기도록 하는 데 역점을 두고 그들을 섬긴다. 가치를 느끼면 그들은 다시 찾아온다. 방문객들이 우리 교회에 다시 왔을 때, 그들은 첫인상 사역 봉사자들의 섬김과 주일 설교를 통해 예수님의 사랑을 경험한다. 그레인저 교회에서는 하나님과 성도들이 교회를 찾은 한 사람, 한 사람을 중요하게 여긴다는 것을 좋은 첫인상으로 보여주려고 노력한다.

이 책은 그레인저 교회의 첫인상 사역을 다른 교회에서도 시도할 수 있도록 아래와 같이 도와줄 것이다.

- 교회를 처음 방문한 사람들에게는 도움이 필요하다는 것을 이해시킨다.
- 그들에게 우리가 당신을 용납하고 존중하며 귀하게 여긴다는 뜻

을 전하려면 어떻게 해야 하는지 알려준다.
- 그들은 하나님께 소중한 존재라는 것을 확신하는 사역 팀을 만드는 데 도움을 준다.
- 사람들과 지역 사회에 최선을 다함으로써 하나님께 영광을 돌릴 수 있도록 동기를 부여한다.

이 책에서는 그레인저 교회의 사역을 많이 소개했다. 첫인상 사역의 사례를 제시하기 위해서다. 우리 교회의 캠퍼스들은 예배 출석 인원도 다르고 면적도 차이가 난다. 그러나 첫인상 사역의 원리는 동일하며, 이 원리는 보편적으로 적용할 수 있다. 또한 각 교회마다 처한 상황이 다르기 때문에, 여러 교회들과 다양한 사업체들의 사례도 함께 제시했다. 그중에서 당신의 교회에 들어맞는 아이디어를 한 가지라도 찾길 바란다. 그러나 가장 좋은 것은 이 책에 나온 원리와 개념을 바탕으로 각 교회의 환경에 적합한 사역 방식을 개발하는 것이다.

이 책 곳곳에 보다 많은 깨달음을 끌어내기 위한 질문을 실어두었다. 각 장의 마지막 부분에는 복습을 위한 질문을 넣었다. 각각의 질문을 홀로 숙고해보고, 동역자들과 의견을 나누어보라. 그렇게 하면 사역 팀을 구성하고 훈련하고 평가하는 데 도움이 될 것이다. 이 질문들은 교회의 상황에 맞게 재구성하여 활용할 수도 있다. 이 책은 교회가 이미 확보한 인적, 물적 자원의 활용 방안을 제시하는 지침서가 되어줄 것이다.

교회를 방문하는 사람들에게 좋은 첫인상을 주면 그들은 하나님에 대해서도 호감을 갖게 된다. "하나님은 당신을 소중하게 여기십니다. 따라서 당신은 우리에게도 소중한 사람입니다"라고 말할 때 그들은 예수님께로 나아갈 것이며, 이를 통해 당신은 주님을 더욱 잘 섬길 수 있을 것이다.

2005년부터 그레인저 교회 주변에서 수많은 변화가 일어났다. 변화의 물살을 헤쳐 나아가면서 우리는 "예수님을 따르고 그분의 길로 간다는 것은 무엇을 뜻하는가?"라는 강력한 도전과 "사도행전에 기록된 교회의 참된 모습은 무엇인가?"라는 질문에 붙잡혔다. 그리고 단지 교인의 수를 늘리는 것만이 우리가 교회로서 행해야 할 참된 길은 아니라는 진실과 마주했다. 우리는 지금까지 해왔던 모든 사역의 접근 방식을 놓고 씨름했으며, 이전에는 꿈꾸지 못했던 비전을 갖게 되었다. 새로운 비전의 지경(地境)은 교회 건물뿐만 아니라 건물 바깥에서 일어나는 일들에까지 확대되었다.

만약 주일날 교회 건물 안에서 하는 일뿐만 아니라 월요일에 사무실에서 하는 일도 사역이라면, 우리 교회 교인들뿐만 아니라 일터의 동료들도 하나님께는 똑같이 중요한 사람들이다. 금요일 저녁, 내게 불친절한 태도로 접시를 들이미는 식당 종업원은 바로 그 순간에도 가치 있는 사람인가 아니면 단지 주일날 교회 문을 열고 들어올 때만 가치 있는 사람인가? 옆집 개가 새벽 두 시까지 짖어대는 바람에 잠을 잘 수 없을 때, 내 이웃은 하나님께 소중한 존재인가 아니면 주일 예배에 참석할 때만 하나님께 소중한 존재인가?

그렇다고 주일 예배, 청소년 행사, 어린이를 위한 교육 프로그램 그리고 주중 활동에서 첫인상 사역의 가치가 축소된 것은 아니다. 우리는 사람들이 교회 건물 안에 없어도 그들이 있는 곳으로 찾아간다는 새로운 비전을 품었다. 그래서 첫인상 사역이 더욱더 중요해졌다.

교회를 찾아온 사람들은 진짜, 정품, 정통을 보고 싶어 한다. 그들은 말과 믿음과 삶이 일치하는 사람들, 평범한 모습으로 살아가지만 실제로는 탁월한 사람들을 보고 싶어 한다. 그런 사람들을 직장에서, 체육관에서, 이웃집에서 그리고 우리 교회에서 보길 원한다.

첫인상은 정말 중요하다. 영원토록 중요할 것이다. 우리가 예수님의 사랑을 실천하는 모습에 사람들이 감동을 받느냐, 그렇지 않느냐는 첫인상에 달렸다.

1
교회, 소비자를 맞이하다

새가족 바로 알기

First Impressions

"소비자가 원하는 것은 둘뿐이다.
첫째, 나에게 관심이 있나요?
둘째, 그렇다면 지금 나를 위해 무엇을 해줄 수 있나요?"[1]

모든 사람은 소비자다

나는 스타벅스에 앉아 있는 것을 좋아한다. 내 노트북 컴퓨터 옆에 놓인 헤이즐넛 커피에서는 따뜻한 김이 솟아오르고 매장 안은 에스프레소 향으로 가득하다.

나는 이 커피 전문점을 간이 사무실 삼아 일하는 중이다. 그런 사람은 한둘이 아니다. 젊은 대학생은 열심히 과제물을 작성하고 있다. 저편에서는 두 여인이 치즈케이크를 먹으면서 아이들에 관해 이야기를 나누고 있다. 노부부는 가만히 앉아 커피를 한 모금씩 마시면서 잡지를 읽고 있다. 내 주변에는 다양한 사람들이 앉아 있다. 결혼한 사람들, 이혼한 사람들, 이제 막 부모가 된 사람들, 학생들 그리고 은퇴한 사람들….

사전은 '소비자'를 이렇게 정의한다. "소비하는 사람. 개인적인 필요를 위해 상품이나 서비스를 구매하는 사람." 모든 사람은 소비를 한다. 그들이 어떤 직업을 가졌든지 소비를 한다. 나 역시 소비를 하면서 살고 있다.

소비자 중심주의와 교회

소비자라는 말을 교회와 연결시키면 왠지 어색하다. '소비자 중심주의'란 말은 스타벅스 운영에는 중요할지 몰라도 교회와는

> 교회의 소명은 성도들의 비위를 맞추는 것이 아니며, 교회는 변덕스러운 소비자의 기호를 맞추는 21세기 기업도 아니다.

별다른 관련이 없는 듯하다. 우리는 교회가 '자기중심적이고 이기적인 사람들의 징징거림을 받아주면서 예수님이라는 상품을 파는 하나의 기업'이라는 개념을 별로 달갑게 여기지 않는다. 소비자 심리는 예수님의 성품과 거리가 멀다. 소비자 심리에서는 소비자가 세상의 중심이다. 그들에게 교회는 자기가 듣고 싶은 말을 해주기 위해서 존재할 따름이다. 그들에게 하나님은 자신의 모든 욕구를 만족시켜주는 자동판매기와 같다. 그러나 교회의 소명은 성도들의 비위를 맞추는 것이 아니며, 교회는 변덕스러운 소비자의 기호를 맞추는 21세기 기업도 아니다.

그럼에도 나는 소비자다. 당신도 나와 마찬가지로 소비자다. 그리고 당신의 교회에 다니는 모든 사람도 소비자다.

나는 무엇을, 어떻게 소비하는가

당신은 어떤 소비자인가? 당신의 일상과 여가 생활, 업무에 대해 생각해보라. 당신은 어디서 물건을 사는가? 어디서 근무하는가? 어디서 은행 업무를 보는가? 어느 세탁소를 이용하는가? 어디서 식료품을 구입하는가? 어디서 식사를 하는가? 어느 항공사를 이용하고, 어떤 숙박업소에서 묵는가?

지난 6개월간 당신이 발급받은 영수증을 살펴보면, 일정한 패턴을 발견하게 될 것이다. 왜 같은 곳에 자주 가는가? 그 정도로 가치가 있어서? 서비스 때문에? 한결같은 태도 때문에?

 아래쪽 상자 안의 질문에 답해보라. 당신이 열거한 목록에는 어떤 장소들이 있는가? 그중에서 당신이 자주 가는 곳에 밑줄을 그어보라. 그리고 거기에 자주 가는 이유들을 적어보라. 아마 그 슈퍼마켓에 값싸고 좋은 물건들이 있을 것이다. 차를 꼼꼼히 고치기 때문에 그 자동차 정비소를 다시 찾을 것이다. 온라인 매장이든 오프라인 매장이든, 당신이 단골 옷 가게를 이용하는 이유도 아마 좋은 품질과 서비스 때문일 것이다. 이처럼 당신에게는 그 가게들을 찾는 나름대로의 이유가 있고 그 가게들에게 기대하는 바가 있을 것이다.

당신은 어디서 소비를 하는가?

당신이 주로 물건을 사는 곳은 어디인가? 어떤 서비스를 즐겨 이용하는가? 당신이 소비자로서 자주 가는 곳을 생각나는 대로 적어보라.

적당한 수준으로는 만족을 줄 수 없다

상품이나 서비스에 대한 기대는, 우리가 무엇에 가치를 두고 있는지 잘 보여준다. 외식을 할 때는 따뜻한 음식과, 시원한 음료와, 신속한 서비스를 기대한다. 식당 종업원이 친근하고 예의 바른 자세로 사려 깊게 접대하기를 바란다. 그래서 그런 레스토랑을 나설 때는 단지 음식값뿐 아니라, 기분 좋게 식사한 것에 대한 비용(값비싼 팁)도 지불한다.

그러므로 테이블보도 깔지 않아 번들거리는 식탁이 놓여 있고, 벽에 걸린 메뉴를 보며 무엇을 먹을지 정한 뒤, 음료와 음식을 직접 가져오는 패스트푸드점은 음식값이 싸다. 사실 이 정도 수준으로 식사하는 것도 그리 나쁘지 않다.

이처럼 세상에는 적당한 수준에서 만족할 수 있는 것들이 많다. 상가에 가서 물건을 사고 샌드위치로 점심을 해결하고, 은행에서 업무를 보는 것은 모두 적당한 수준의 소비다. 적당하다는 것은 적어도 '나쁜 수준'은 아니라는 뜻이다. 우리는 적당한 수준에서 해야 할 것들을 하며 필요한 것을 얻는다. 이런 경험들은 지극히 평범하다. 기억에 남을 만한 것도 거의 없다.

우리는 아주 훌륭한 것과 귀한 것을 누릴 수 있다는 사실을 알면서도 적당한 수준에 만족할 때가 많다. 그러나 종종 적당한 수준 이상을 기대할 때가 있다. 또 가끔은 평생 잊지 못할 일들을 경험하고 싶어 한다. 그리고 그런 특별한 경험을 하고 싶을 때는 적당한 것을 기대할 때와는 다른 기준을 적용한다.

몇 년 전, 우리 부부는 아내의 직장 상사로부터 초대를 받았다. 인디애나 주 라포트 시에 있는 고급 식당에서 저녁 식사를 함께하자는 것이었다. 그날 이후 멋진 장소에서 고급스러운 식사를 하는 것에 대한 우리의 기준이 바뀌었다.

그곳은 손님들을 여러모로 세심하게 환대하는 식당이었다. 우아한 실내는 편안한 느낌을 주었고 밝은 노란색으로 칠한 높은 벽면은 활력 있어 보였다. 뉴올리언스풍의 분위기에 스윙 재즈 음악이 감미롭게 흘렀다. 친구들과 시간을 보내기에 딱 좋은 곳이었다.

완벽하게 차려진 식탁 위에는 귀한 야생화가 놓여 있었다. 음식을 내오는 순서도 아주 좋았다. 전채 요리도 풍성하고 맛있었다. 우리가 이제까지 먹어본 것 중에서 가장 맛있는 음식이었다. 식사를 하는 동안 종업원들이 우리의 이름을 다정하게 부르면서 시중을 드는 것도 친밀감을 더해주었다. 그날 저녁은 더없이 훌륭한 시간이었다. 마치 일종의 이벤트처럼 여겨질 정도였다.

나는 지금껏 좋은 식당에서 식사를 해본 적이 많지만, 그중에서도 그날 그 식당에서 경험한 일들은 아주 특별한 기억으로 남아 있다. 이제 나는 고급 식당에서 대접받는다는 것이 어느 정도의 수준을 의미하는지 알게 되었다. 그동안 가보았던 식당의 서비스와 음식은 이 식당에 비하면 별것이 아니었다.

소비자의 기대는 식사에만 국한되지 않는다. 우리는 주치의가 제시간에 오기를 기대한다. 솔직하게 말하면, 의사들이 왜 그렇게 왕진 시간을 어기는지 도대체 이유를 모르겠다. 우리는 의사들이 마음만 먹으면 얼마든지 시간을 지킬 수 있다는 것을 알고 있다! 우리는 비행기가 일정대로 정확한 시간에 이착륙하기를 기대하고, 집배원이 정확한 날짜에 우편물을 배달해주기를 기대하고, 동료가 약속 시간을 지키기를 기대한다. 우리는 와이파이가 연결되는 곳에서 인터넷을 검색하거나 이메일을 주고받을 수 있기를 기대하고, 대변인이 우리의 관심사를 잘 전달해줄 것을 기대한다. 또한 단골 옷 가게가 다양한 색깔과 치수의 옷을 구비해서 우리가 자신의 취향에 맞는 옷들을 고를 수 있도록 해주기를 기대한다.

그러나 우리는 적당한 수준에서 모든 것을 감수해야 할 때가 많다. 음식이 따뜻하기만 하면 그냥 만족하고 먹는다. 우체국에 갔을 때 대기자가 너무 많아도 그냥 기다린다. 의사가 정확한 처방을 해주기만 하면 병원에서 마냥 기다린다. 이렇게 적당한 수준에서 만족해야 할 때가 많지만, 때로는 그 이상의 것을 기대하는 경우도 있다.

만족하는 수준을 넘어 감동하는 수준으로

그날 나와 아내가 고급 식당에서 누렸던 서비스는 감탄을 넘어 감동적인 경험이었다. 분명 그것은 적당한 수준이 아니라 우리가 기대했던 것 이상이었다. 누군가 우리에게 평범한 수준을 훨씬 뛰어넘는, 기억에 남을 만큼 깊은 배려를 해준 것이다. 당신 입에서 "와!"라는 탄성이 나올 정도로 훌륭한 대접을 받았던 때가 언제였는가? 대부분은 그런 순간들이 별로 많지 않았을 것이다. 상대방에게 좋은 인상을 남기려면 많은 노력이 필요하다. 그러나 상대방의 입에서 탄성이 나오게 하려면 그보다 더 많은 노력이 필요하다.

소비자들은 어떤 물건을 구매할 때 단순히 구매하려는 물건만을 평가하지 않는다. 물건, 서비스, 분위기, 그 외에 여러 가지 것들을 전체적으로 평가한다. "와!"라는 탄성을 질렀던 과거의 경험을 떠올려보면 그 당시 사람들의 얼굴과 목소리, 주변에서 났던 소리나 냄새, 또 그때 느꼈던 감정까지도 기억날 것이다.

> **당신이 "와!" 하고 감탄하게 될 때는 언제인가?**
>
> 당신이 감탄했던 경험을 두세 가지 떠올려보라. 탁월한 서비스로 당신에게 감동을 주었던 사람은 누구인가? 기절할 만큼 높은 수준의 서비스를 선보여 당신을 놀라게 한 사람은? 당신에게 좋은 상품을 추천해서 감동을 준 사람은? 이러한 경험을 되새길 때마다 마음속에 함께 떠오르는 것들은 무엇인가? 그 사람들의 행동과 태도가 당신에게 어떤 영향을 끼쳤는가?

그런 경험에는 우리의 오감이 모두 동원된다. 내가 말하는 최고급 식사에는 실내 장식, 음악, 음식을 내오는 방식, 음식의 맛 그리고 종업원의 서비스 등이 모두 포함된다. 그러나 그중에서도 가장 중요한 것은 '사람들이 나를 어떻게 대우하는가'다. 매우 특별한 대우를 받았다고 느끼면, 우리는 다시 그곳에 가고 싶어진다. 반대로, 무시를 당했거나 부적절한 대우를 받은 곳이라면 발걸음을 끊고 싶어진다.

어느 금요일, 우리 가족은 유명 체인점 식당에 갔다. 내 딸 올리비아는 사워크림과 구아카몰레를 곁들인 케사디야(토르티야 사이에 치즈·소시지·야채 등을 넣어서 구운 멕시코 요리)를 주문했다. 음식이 나오자 딸아이는 신이 나서 포크를 집어 들고 케사디야 조각에 사워크림을 듬뿍 바르려고 했다. 그때 갑자기 딸아이가 소스라치게 놀라며 포크를 떨어뜨렸다. "맙소사! 크림에 머리카락이 있어요!" 사실 그 식당에서 아내나 내가 음식을 주문했다가 머리카락을 발견한 것은 그때가 처음이 아니었다. 따라서 우리를 정말 놀라게 한 것은 그다음에 일어난 일이었다.

우리는 사워크림을 다시 달라고 요청했다. 그런데 새로 받은 사워크림 안에도 머리카락이 있었다. 두 번씩이나 그런 일이 일어나다니! 당신이라면 이런 상황에서 어떤 마음이 들겠는가? 우리는 기분이 나빴다! 올리비아는 음식도 먹지 않은 채 식당을 나설 채비를 하면서, 다시는 이 식당에 오지 않겠다고 말했다.

우리는 그 식당 측에 올리비아가 주문했던 음식에 대해서는 음식값을 청구하지 말 것과 주문을 새로 받아줄 것을 정중히 요청했다. 그러나 식당 측에서는 우리의 요청에 대해 성의 있는 태도를 보이지 않았다. 또한 보상해주려는 마음도 없어 보였다. 결국 우리는 그 식당을 나와버렸다. 이후로 다시는 그 식당에 가지 않는다.

그 식당은 우리의 기대를 채워주지 못한 것은 물론이고, 우리가 고객으로서 정중하게 대우받지 못했다는 느낌마저 갖게 했다. 그 식당의 종업원은, 우리가 다시는 그 식당에 가지 않을 것과 다른 사람에게 그 식당에 대한 나쁜 소문을 퍼뜨릴 수도 있다는 것을 개의치 않는 것 같았다.

위 예와는 반대로, 손님들에게 적극적인 관심을 보이고 배려하는 곳에는 호감을 품고 다시 찾아가게 된다. 나는 여행을 많이 다니는 편은 아니지만, 더블트리 체인 호텔들과 스위트룸에 대해서는 좋은 인상을 가지고 있다. 그 호텔들은 투숙하는 손님들에게 정성이 담긴 초콜릿 쿠키를 준다. 이런 서비스는 내게 깊은 인상을 남겼다. 그들은 사소한 배려의 중요성을 알고 있었다. 우리 가족이 가장 좋아하는 멕시코 레스토랑을 찾을 때면, 우리는 그 시간에 빌이 근무 중이기를 바란다. 그는 우리의 음료가 시원한지 살피고 편안한 발걸음으로 다가와서 필요한 것이 있는지 묻는다. 빌의 탁월한 서비스 때문에 우리는 다시 그곳을 찾고, 그의 서비스에 대한 보답으로 팁을 주게 된다.

언젠가 내가 한 온라인 여행사에 전화를 걸어 요구 사항을 말했을 때, 그 회사의 대표가 "정말로 좋은 아이디어입니다. 기록해두었다가 고객 만족 향상을 위한 자료로 삼겠습니다"라고 답하는 것을 듣고 매우 놀란 적이 있다. 우리 동네 스타벅스의 점원은 내 이름과 내가 좋아하는 커피를 알고 있다. 그가 나를 특별한 사람으로 대접해주기 때문에 나는 앞으로도 계속해서 그 매장을 찾을 것이다.

이러한 상황은 우리 교회를 방문하는 사람들에게도 마찬가지다. 교회가 사람들에게 기대 이상으로 좋은 경험을 하도록 해주면 사람들은 그 교회를 다시 찾게 되고, 그러다 보면 시간이 흐르면서 방문객이 아니라 신실한 교인이 된다. 교회가 정성 어린 자세로 대우할 때 그들은 깊은 인상을 받는다. 교회가 그들에게, '당신은 소중한 사람입니다'라는 교회의 태도를 확실하게 전달했기 때문이다.

교회, 소비자를 맞이하다

당신은 아마 이렇게 생각할 것이다. '그래, 물론 그래야 하지만 교회를 방문한 사람들을 소비자로 대하면 교회가 그들의 변덕스러운 기호를 맞춰야 한다는 것인데, 그리스도인으로서 우리 본연의 임무는 그들이 자기중심적인 소비자 정신을 멀리하며 순전하고 헌신적인 신자들로 성장하도록 돕는 것이 아닌가. 만약 우리가 교회에 방문한 사람들을 소비자로 여기면, 그들의 자기중심적인 생활양식을 오히려 더 부추기는 격이다. 교회는 시장처럼 대중의 기대에 부응하려고 해서는 안 된다. 교회의 역할은 예수님을 높이고 또 사람들이 예수님을 알도록 돕는 것이다.'

물론 나도 그렇게 생각한다. 우리의 임무는 사람들이 예수님을 제대로 알도록 돕는 것이다. 그렇기 때문에 우리는 그들을 있는 모습 그대로, 즉 자기중심적인 모습 그대로 받아들여야 한다. 우리는 그들을 무조건적으로 받아들여야 한다. 이것이 바로 사람들이 예수님을 알게 되는 첫 과정이다. 우리의 목표는 어떻게 해서라도 교회를 방문한 사람들에게 예수님을 알려주는 것이다.

그레인저 교회는 설립 때부터 "하나님이 그들을 매우 소중하게 여기시기 때문에, 우리도 그들을 소중하게 여긴다"를 핵심 가치로 삼았다. 담임목사인 마크 비슨은 우리 교회에 나오는 모든 사람이 하나같이 귀하다고 말한다. 우리 교회에 출석하는 사람들은 매주 설교를 통해 자신들이 하나님께 얼마나 중요한 사람들인지를 반복해서 듣는다. 마크 비슨 목사가 사역자들과 교회 리더들에게 이 비전을 분명하게 제시했기 때문에 교회의 각 사역 팀들은 이 핵심 가치가 교회 전체에 잘 전달되도록 협조하고 있다. 우리 교회의 많은 성도가 이 비전을 붙들고 관심과 배려를 받지 못한 채로 살아가는 사람들, 예수님이 주시는 희망이 필요한 사람들에게 다가가려고 노력한다.

> 우리의 목표는 어떻게 해서라도 교회를 방문한 사람들에게 예수님을 알려주는 것이다.

우리는 온 교회가 힘을 합쳐 사람들이 예수님께 나올 수 있도록 돕는 것이 우리의 사명이라고 생각한다.

당신은 당신 교회에 처음 방문한 사람들, 특히 하나님을 찾는 구도자들이나 교회라고는 생전 발도 들여놓지 않았던 사람들을 어떤 시선으로 바라보는가? 그들에게 어떤 명칭을 붙이는가? 불신자? 교회에 안 나가는 사람들? 버림받은 사람들? 죄인들? 이런 단어들이 종종 '신앙에서 인생의 답을 찾는 사람들', '예수님에 대해 알고 싶어 하는 사람들', '희망 없는 세상에서 희망을 찾는 사람들'을 묘사할 때 사용된다. 그러나 예수님을 따르지 않는 사람들에게 사용되는 명칭들이 가진 미묘한 의미의 차이를 우리는 잘 알아야 한다. 예를 들어, 그들에게 '죄인'이나 '외부인'이란 단어를 사용하면 우리와 전혀 다를 바 없는 그들을 우리와 전혀 다른 사람들인 것처럼 구분 짓는 것이다. 사실 우리나 그들이나 모두가 인생의 목적과 내면의 만족을 찾아 영적인 여행을 떠난 사람들인데도 말이다.

반면에 '구도자들', '교회 방문객', '구원의 확신이 없는 사람' 등의 표현은 하나님을 향해 나아가기를 원하고 또 하나님을 배우려고 하는 사람들을 좀 더 이해하는 마음으로 보게 해준다. 우리가 교회를 방문한 손님들을 '믿음을 가지려는' 사람들로 그리고 '아직 구원의 확신이 없는' 사람들로 여길 때, 보이지 않는 마음의 장애물이 무너지며 우리는 그들을 더 자연스럽게 사랑하고 수용할 수 있다.

우리는 신앙을 찾고 있는 사람들도 소비자라는 사실을 기억해야 한다. 물론 소비자라는 말이 지나치게 상업적으로 들릴 수 있으며 심지어 천박하게 들릴 위험도 있다. 그러나 공정하게 생각해보면 그들이 소비자라는 것은 사실이다. 예수님에 대한 가르침이 어떤 것인지 알아보거나 신앙을 갖고 싶어 하는 사람들도 실은 교회에 와서 쇼핑하는 사람들이라고 볼 수 있기 때문이다. 다시 말하면 그들은 교회가 자기들의 영적인 필요를 채워줄 수 있는지를 알아보고, 그것을 쇼핑하려고 하는 것이다. 우리는 이러한 그들의 모습을 그대로 받아들여야 한다. 누군가로부터 고달픈 인생 문제에 대한 도움을 얻으며 누군가의 돌봄을 받으려는 기대를 품고 교회로 찾아온 사람들을 영접해야 한다.

예수님이 소비자를 대하는 법

당신은 자동차에 붙이는 스티커, 팔에 차는 밴드, 목걸이 그리고 성경책 표지에서 "WWJD"라는 글자를 본 적이 있을 것이다. 이것은 우리에게 '예수님이라면 어떻게 하실까?'(What Would Jesus Do?)라는 질문을 생각하게 해준다. 예수님이라면 소비자 중심주의를 어떻게 받아들이셨을까? 마가복음에 기록된 예수님의 실제 행적을 통해 살펴보자.

예수께서 배에서 내려서 큰 무리를 보시고, 그들이 마치 목자 없는 양과 같으므로, 그들을 불쌍히 여기셨다. 그래서 그들에게 여러 가지로 가르치기 시작하셨다. 날이 이미 저물었으므로, 제자들이 예수께 다가와서 말하였다. "여기는 빈 들이고 날도 이미 저물었습니다. 이 사람들을 헤쳐, 제각기 먹을 것을 사 먹게 근방에 있는 농가나 마을로 보내시는 것이 좋겠습니다." 예수께서 그들에게 말씀하셨다. "너희가 그들에게 먹을 것을 주어라." 제자들이 그에게 말하였다. "그러면 우리가 가서 빵 이백 데나리온어치를 사다가 그들에게 먹이라는 말씀입니까?" 예수께서 그들에게 말씀하셨다. "너희에게 빵이 얼마나 있느냐? 가서, 알아보아라." 그들이 알아보고 말하였다. "빵 다섯 개와 물고기 두 마리가 있습니다." 예수께서는 제자들에게 명하여, 모두들 떼를 지어 푸른 풀밭에 앉게 하셨다. 그들은 백 명씩 또는 쉰 명씩 떼를 지어 앉았다. 예수께서 빵 다섯 개와 물고기 두 마리를 들어서, 하늘을 쳐다보고 축복하신 다음에, 빵을 떼어서 제자들에게 주시고 사람들에게 나누어 주게 하셨다. 그리고 그 물고기 두 마리도 모든 사람에게 나누어 주셨다. 그들은 모두 배불리 먹었다. 빵 부스러기와 물고기 남은 것을 주워 모으니, 열두 광주리에 가득 찼다. 빵을 먹은 사람은 남자 어른만도 오천 명이었다(막 6:34-44, 새번역).

사도 요한은 위와 동일한 사건을 요한복음에 기록하면서 예수님이 자기를 따르는 무리들, 즉 소비자들에게 그들의 동기를 다음과 같이 말씀하셨다고 기록했다. "너희가 나를 찾아온 것은, 내가 하는 일에서 하나님을 보았기 때문이 아니라, 오히려 내가 너희를 배부르게 해주었기 때문이다. 그것도 내가 값없이 먹여 주었기 때문이다"(요 6:26, 메시지).

그 사람들은 가족이나 친구들을 치료하고자 예수님께로 데려왔다가 이 연회에 참석하게 되었다. 그들은 자기들의 문제를 해결하고 싶어 했다. 이 무리들은 분명 우리가 일반적으로 생각하는 소비자들이다.

그러나 놀랍게도 예수님은 병을 치료하고 기적 행하는 일을 중단하지 않으셨다. 예수님은 계속해서 사람들의 개인적인 필요를 채워주셨다. 예수님이 그렇게 하신 이유는 사람들에게 하나님을 알려주기 위함이었다.

예수님은 사람들이 이기적인 동기로 그분을 따랐다 해도 별로 개의치 않으셨던 것 같다.

예수님이 사람들에게 소비자 중심주의를 버리고 더 헌신된 자세로 따를 것을 말씀하셨을 때 무리 중 어떤 이들은 예수님을 외면했다. 동일한 일들이 지금 우리 교회에서도 일어난다. 사람들에게 예수님을 영접하고 섬기는 삶을 살도록 권면하면 그들은 등을 돌린다.

> 일단 하나님과 개인적인 관계를 맺고 나면 신앙의 거룩함과 고결함을 위협하는 소비자 중심주의는 사라질 것이다.

그들이 그렇게 행동해도 예수님은 계속 기회를 주면서 이렇게 말씀하신다. "나의 아버지는 버림받은 사람들을 소중하게 여기신다. 그러므로 그들은 나에게도 중요하다." 이는 오늘날의 교회가 반드시 기억해야 할 말이다.

교회가 우리 사회에 만연한 자기중심주의의 한 행태인, 소비자 중심주의의 가치 체계를 보여주는 것이 가능할까? 그 가능성에 대해서는 알 수 없으나, 나는 그런 모험을 해볼 만한 가치가 있다고 믿는다. 시간이 지나면서 교회를 방문한 사람들이 하나님과 관계를 맺게 될 것이며, 그들의 가치 또한 변할 것이기 때문이다. 일단 하나님과 개인적인 관계를 맺고 나면 신앙의 거룩함과 고결함을 위협하는 소비자 중심주의는 사라질 것이다.

주말에 교회를 방문한 사람들 중 신앙의 초기 단계에 있는 사람들은 소비자 심리를 가지고 있다. 그들이 다시 우리 교회를 찾을 것인지 아닌지는 교회에서 어떤 경험을 했는가에 달렸다. 그들은 교회에서도 단골 가게에서 한 것과 동일한 질문들을 스스로에게 던질 것이다. "여기는 내가 이만큼 시간을 보낼 만한 가치가 있는 곳인가? 성도들이 나에게 관심을 보이는가? 내가 이 교회에서 제대로 대우받고 있는가?" 당신의 교회를 방문한 사람들은 이 질문에 어떤 답을 할까?

1. 교회, 소비자를 맞이하다 • 37

교회의 경쟁 상대는 누구인가

당신은 이렇게 생각할지도 모른다. '처음에는 소비자의 기호에 맞춰야 한다고 하더니 지금은 또 경쟁이라고요? 도대체 무슨 말인지 모르겠군요. 책값이나 다시 돌려줘요!'

나는 당신이 그런 생각을 가진 것에 대해 오히려 감사한다. 왜냐하면 우리 중에 누구도 다른 사람들과 경쟁하려고 교회에서 봉사하지는 않기 때문이다. 사람들을 교회로 인도하는 것은 승패가 갈리는 경기가 아니다. 이것은 하나님의 일이다. 우리에 관한 것이 아니라 하나님과 교회 그리고 그분의 백성과 관련된 것이다. 우리는 구도자들을 하나님께로 인도하려는 것이지 그들에게 프로그램, 설교, 특정 경험을 제공하거나 팔려는 것이 아니다. 그들에게 예수님을 소개하려는 것이다.

그러나 우리는 소비자 중심적인 사회에 살고 있다. 그렇기 때문에 경쟁도 하게 되고 승자와 패자도 있기 마련이다. 교회를 좀 더 효율적으로 운영하고 싶다면 반드시 경쟁에서 이겨야 한다. 경쟁 상대가 누구이며, 그가 현재 무엇을 하고 있는지 그리고 어떻게 하면 경쟁에서 이겨 소비자를 교회로 이끌어올 수 있는지 그 방법을 알아내야 한다. 사람들을 당신 교회의 주일 예배에 참석하게 할 수 있는 방법이 무엇인지 찾아보라.

다른 교회들을 경쟁 상대로 삼아서는 안 된다. 목사든 평신도 리더든 같은 지역에 있는 다른 교회를 이기려 해서는 안 된다. 우위를 차지하려는 마음으로 그 교회가 하는 일을 주시해서는 안 된다. 모든 교회는 그리스도를 중심에 두기 때문에 결국 서로 같은 편이다. 그 교회들 역시 우리와 같은 이유로 사역하고 있다. 지역 사회의 발전을 위해 우리는 그들과 협력하고 있으며, 또 그렇게 해야 한다.

주일 아침, 당신 교회의 최대 경쟁 상대가 다른 교회들이 아니라면 도대체 누구란 말인가? 바로 지난 몇 주 동안에 사람들이 이용했던 식당, 백화점, 골프장, 놀이공원의 서비스와 그곳에서의 좋은 경험들이다. 이들은 당신의 최대 경쟁 상대로서, 사람들이 교회에 가는 것을 방해한다. 제일교회(First Church)가 아니라 제일은행(First Bank)이, 연합감리교회(United Methodist)가 아니라 연합택배(United Parcel)가, 나사렛교회(Nazarenes)가 아니라 자포스(Zappos, 세계 최대 규모의 온라인 신발 쇼핑몰―편집자)가 고객들에게 양질의 서비스를 제공하면서 판을 벌인다.

주일 예배 시간에만 그들과 경쟁하는 것은 아니다. 사람들이 주중에 그런 장소에서 감동할 만한 경험을 하는 순간 경쟁은 시작된다. 당신의 교회에 방문한 사람들 중 어떤 사람이 지난주에 부쳤던 소포는 그다음 날 정오에 정확히 배달되었다. 어떤 사람은 두 달 동안 영업 실적을 완수하지 못한 두 명의 사원을 해고했다. 또 어떤 사람은 예정대로 이틀 만에 세탁소에서 풀이 잘 먹은 깨끗한 셔츠들을 찾고 흡족해했다. 어떤 사람은 단골 커피숍에 가서 환대를 받고 가끔씩 공짜 음료를 대접받기도 한다. 심지어 슈퍼마켓에서는 임신부나 장애인, 단골손님을 위해 주차 공간을 확보해주기도 한다. 이처럼 당신의 교회를 방문하는 사람들은 교회 밖에서 탁월하고 세심한 대접을 받고 있기 때문에

> 당신의 교회에서 했던 경험은 그들을 침대에서 끌어내어 교회로 발걸음을 옮기도록 할 수 있을 만큼 그들에게 가치 있는 것일까?

기대 수준이 무척 높다. 물론 살아가다 보면 적당한 수준에서 만족해야 할 때가 있다. 하지만 그들은 이미 탁월한 수준을 맛보았기 때문에 기분 좋은 경험을 했던 곳으로 다시 가게 마련이다.

마지막으로 당신의 주요 경쟁 상대가 따뜻하고 편안한 침대라는 것도 잊지 말자. 무엇보다 소비자의 마음을 유혹하는 경쟁 상대는 경험을 통해 바뀐 그들의 가치다. 당신의 교회에서 했던 경험은 그들을 침대에서 끌어내어 교회로 발걸음을 옮기도록 할 수 있을 만큼 그들에게 가치 있는 것일까?

서비스나 상품을 통해 소비자의 인정을 받으려는 경쟁은 상당히 치열하다. 따라서 소비자들은 처음 몇 초의 경험을 통해 그 가게가 어떤 가게인지 또는 그 교회가 어떤 교회인지 결론을 내려버린다.

첫인상이 끝인상이다

교회 방문객들은 단면만 보고 그 교회에 대한 첫인상을 갖지 않는다. 슈퍼아메리카(The SuperAmerica, 미국의 편의점 체인 — 편집자)의 사원 훈련 프로그램에는 이렇게 요약되어 있다. "소비자의 입장에서는 그들이 볼 수 있고, 잡을 수 있고, 들을 수 있고, 냄새 맡을 수 있고, 들어가볼 수 있고, 그 위를 걸을 수 있고, 옮겨볼 수 있으며, 밟아보고, 만져보고, 사용해보고, 맛보고, 느낄 수 있는 모든 것을 고객 서비스라고 생각한다."[2] 이 말은 고객 서비스가 무엇인지 잘 알려준다. 그러므로 사람들의 경험과 관련한 것이라면 전부 서비스다. 그 서비스가 아무리 부실하거나 피상적이라고 해도 말이다.

그뿐 아니라 어떤 종류의 서비스든지 단순히 첫인상으로만 끝나지 않는다. 서비스는 첫인상을 오래도록 간직하게 한다. 당신이 거래처나 교회에서 받은 첫인상은 처음 몇 초간의 경험이 아니라 시간이 어느 정도 지난 후에 형성된 것일 수도 있다. 그러나 그런 경우에도 그 인상은 계속 남는다.

첫인상은 끝까지 남는다

다음 각 장소와 관련해서 처음 연상되는 내용들을 적어보라.

- 맥도날드 또는 패스트푸드점

- 최근에 묵었던 숙박 시설(이름을 적지 말고 그곳에 대한 인상을 적어보라.)

- 최근에 이용했던 항공사(여기에도 역시 그 항공사에 대한 인상을 적으라.)

- 거래 은행

- 지역교회

- 커피 전문점

이제 당신이 기록한 내용을 살펴보라. 그중에 어떤 것이 그 조직에 대한 첫 느낌을 반영하는가? 또 어떤 것이 그 조직에서 마지막으로 받은 인상을 묘사하고 있는가? 이런 결과는 우리에게 남아 있는 인상에 관해 무엇을 말해주는가?

당신이 기록한 글을 살펴보면 첫인상뿐만 아니라 첫인상 이후 지속적으로 남는 인상도 글에 나타나 있음을 발견할 것이다. 이런 인상들 때문에 당신은 다시 그 장소를 찾아가기도 하고 다른 장소를 선택하기도 한다.

첫인상의 지속성을 알고 있는 조직들은 사람의 중요성에 대해서도 알고 있다. 사람을 귀하게 여기는 곳을 방문할 때 사람들은 깊은 인상을 받는다. 그리고 깊은 인상을 받을 때, 그들은 자신이 중요한 사람처럼 대접받는다고 느낀다.

사람들은 관계를 원한다

소비자들의 기호를 파악하기 위해 소비자 중심주의를 교회와 연결하는 것은 아니다. 하나님이 소중하게 여기는 사람들에 대해 파악하기 위함이다. 우리 교회가 사람들에게 "와!" 하는 감동 서비스를 제공하는 이유는 사람들을 기분 좋게 해주기 위해서가 아니다. 또 탁월한 서비스를 제공함으로써 그들의 이기적인 욕구를 채워주려는 것도 아니다. 그렇다면 사람들을 감동시키는 것이 왜 중요할까? 그들이 중요하기 때문이다. 사람들이 생각하는 것, 믿는 것, 원하는 것, 필요한 것이 중요하기 때문이다. 우리 교회를 방문한 사람들이 교회에서 자기를 극진히 대우한다고 느낄 때, 우리는 그들과 개인적인 관계를 맺을 수 있다. 이것이 그들과 연결될 수 있는 그리고 예수님과 우리가 연결될 수 있는 유일한 길이다. 교회는 예수님이 마태복음 11장 28-30절에서 언급했던 은혜를 느낄 수 있는 곳이어야 한다.

"지치고 피곤한가? 종교 생활로 탈진되었는가? 나에게로 오라. 나와 함께하며 생명을 회복하라. 나는 너희가 어떻게 참쉼을 누릴 수 있는지 보여줄 것이다. 나와 동행하며 나와 함께 일하라. 그렇게 하기 위해 나에게로 와서 나의 삶을 살펴보라. 강요받지 않는 은혜의 리듬을 배우라. 나는 너희에게 그 어떤 무거운 짐도 지우지 않을 것이다. 나와 함께하라. 그리고 어떻게 하면 자유롭고 가뿐하게 살 수 있는지 배우라"(마 11:28-30, 메시지).

하나님은 우리 교회의 방문객들을 소중히 여기신다. 그러므로 우리도 반드시 그들을 소중하게 여겨야 한다. 교회가 방문객들에게 이 진리를 충실하게 보여준다면, 그들은 자신들이 존귀하게 받아들여진다는 것을 느끼고 은혜를 누리게 될 것이다. 그들은 교회가 자신들을 귀하게 여기는 것을 깨닫고 성도들과 진실한 관계를 맺거나 또는 그러기를 간절히 바랄 것이다. 이 모든 것은 사람들을 있는 모습 그대로 받아들일 때 시작된다.

한 걸음 더 나아가기

1 당신은 친구와 함께 외식을 한 적이 있을 것이다. 그때 식당에서 느낀 것들을 말해 보라. 당신이 실망했다면 그 이유는 무엇 때문이었는가? 종업원들은 최선을 다해 서비스를 했는가? "와!" 할 정도의 감탄을 자아낼 수도 있었지만 실제로 그러지 못한 이유는 무엇이었는가?

2 소비자로서 당신이 경험했던 일들을 적어보라. 고객으로서 귀하게 대접받았던 적이 있는가? 그 사람은 어떤 긍정적인 말과 행동으로 당신을 깜짝 놀라게 했는가? 당신은 언제 "와!" 하고 감탄했는가? 당신이 경험한 감동을 교회에 어떤 식으로 적용할 수 있을까?

3 당신은 이번 주에 누군가를 귀하게 대접할 기회가 있었는가? 구체적으로 무엇을 했는가? 더 잘할 수 있었는데 그러지 못해서 아쉬운 점은 무엇인가?

2
그들은 만족이 아니라 감동을 원한다

곳곳에 숨어 있는 장애물 제거하기

First Impressions

"서비스의 핵심이 거래 후 그 거래처에 대한 느낌이라면,
경험은 거래 후 당신의 마음과 기분이
어떤지에 대한 느낌이라고 말할 수 있다."[1]

'작은' 실수는 결코 '작지' 않다

아내와 나는 애틀랜타에서 출발하여 디트로이트를 경유하는 비행기를 타고 집으로 돌아오는 중이었다. 디트로이트 공항에서 한 시간가량 머물게 되었을 때, 우리는 갈아탈 비행기의 좌석을 배정받기 위해 탑승구에서 멀리 떨어진 창구로 갔다. 탑승 시간까지는 여유가 별로 없었다. 그런데 우리가 창구 앞에 도착했을 때, 길게 줄을 선 사람들의 모습이 보였다. 필요 이상으로 오래 기다리는 수고를 덜기 위해 나는 항공사 직원을 찾아보았다. 때마침 항공사 직원으로 보이는 한 여성이 우리 쪽으로 다가왔다. 나는 그 직원이 우리에게 도움을 줄 수 있을 것으로 생각하고 그녀에게 우리의 처지를 설명했다. 그러나 탑승구로 들어가는 모든 승객은 이 창구를 통해서만 좌석을 배정받을 수 있기 때문에 나도 다른 사람들과 마찬가지로 줄을 서서 기다려야 한다는 답변을 들었을 뿐이다. 긴 줄을 서서 한없이 기다려야 한다니, 기분이 별로 좋지 않았다.

그런데 나와 아내가 줄을 선 지 10여 분쯤 지났을 때 또 다른 항공사 직원을 만나게 되었다. 나는 그에게 다시 우리의 처지를 설명했다. "우리는 공항 남쪽에서 탑승해야 하는데 그곳은 이 창구에서 너무 멀리 떨어져 있습니다." 그랬더니 그는 다음과 같이 친절하게 안내해주었다. "탑승구로 가세요. 그곳에서 기다리고 계시면 탑승하기 30분 전에 좌석을 배정해드릴 겁니다." 이 직원이 한 이야기는 조금 전 다른 직원에게 들었던 것과 완전히 달랐다. 덕분에 우리는 긴 줄을 서지 않아도 되었다.

우리는 발길을 돌려 탑승구에 도착했다. 그리고 거기서 기다리고 있는 동안 어떤 승객이 항공사 직원에게 대기 좌석이 있는지 물어보는 것을 우연히 들었다. 항공사 직원은 "이 그 비행기에는 좌석이 충분하기 때문에 탑승에 전혀 문제가 없습니다"라고 대답했다. 그런데 막상 30분이 지나서 우리가 좌석을 배정받으려고 갔더니 그가 이렇게 말하는 것이었다. "죄송합니다. 이 비행기는 이미 모든 좌석이 다 찼습니다. 손님, 다른 분들을 위해서 옆으로 조금 비켜주시겠습니까?"

나는 속에서 화가 끓어오르는 것을 겨우 참았다. 우리는 옆으로 물러서기는 했지만, 오랜 시간 줄을 서서 기다리게 한 것, 또 우리에게 엉뚱한 정보를 준 것, 우리가 결국 비행기에 탑승하지도 못하게 된 것 등에 대해 무척 화가 났다. 우리는 그 항공사에서 제공하는 서비스의 일부만을 경험했을 뿐이다. 그러나 앞으로 아무리 좋은 서비스를 제공받는다고 해도 항공사에 대한 느낌은 개선될 것 같지 않았다. 그 정도로 그때의 경험은 우리의 기분을 완전히 망쳐놓았다. 그 당시 우리는 아직 비행기에 타지 않았기 때문에 항공사의 서비스를 본격적으로 받아보지도 못한 상태였다. 하지만 우리는 이미 항공사의 성의 없는 대처에 완전히 실망해버렸다. 그런데 주일 아침에 교회를 방문한 사람들에게도 이와 동일한 일이 일어날 수 있다.

숨은 장애물을 제거하라

방문객들이 교회에 왔다가 자신이 원하는 것을 얻지 못했다면 다시는 교회를 찾지 않을 가능성이 높다. 사람들이 교회에 온 이유는 예수님을 알기 위해서다. 그러나 예수님이 누구인지 들어보기도 전에 사소한 것들로 말미암아 교회에 대해 나쁜 인상을 갖게 된다면, 그들이 교회를 찾은 목적은 제대로 달성될 수 없다. 따라서 우리는 교회 방문객들이 예수님을 아는 데 방해가 될 수 있는 장애물들을 미리미리 제거해주어야 한다. 주변만 살펴봐도 많은 장애물이 눈에 띌 것이다.

- 화장실에 휴지가 딱 하나만 비치된 경우가 있다. 만약 그 휴지가 다 떨어지면 어떻게 되겠는가?
- 교회의 로비가 너무 혼잡해서 교회를 방문한 사람들이 예배실로 가는 길을 찾기가 어렵지는 않은가?
- 어른들의 예배실은 1층에 있는데 주일학교 예배실이 지하 깊숙한 곳에 있지는 않은가?

교회 방문객들이 실망하지 않도록 숨은 장애물들을 미리 제거하는 일에 각별히 신경 쓰라. 그들에게 만족스러운 경험을 제공해주기 전에 먼저 이러한 방해 요소들을 샅샅이 제거해야 한다. 혹시라도 방문객들을 실망시킬 만한 요소가 있는지 눈에 불을 켜고 찾아보라.

방문객의 눈으로 살펴보라

내 아내 로라는 아무 때나 손님을 맞을 수 있을 정도로 항상 집이 깨끗하다는 사실에 자부심을 가지고 있다. 그러나 한 가지 예외가 있다. 아내는 먼지 떠는 것을 정말 싫어한다. 그래서 먼지를 닦는 것은 내 담당이다. 아내가 일주일 내내 집안일 하는 것을 생각하면 내가 그 일을 맡는 것은 당연하다. 문제는 먼지 제거를 일주일에 딱 한 번만 하는데도 내가 실제로 먼지떨이를 손에 쥘 때까지 아내가 나에게 그 일을 수없이 상기시켜주어야 한다는 것이다.

나는 먼지 청소를 무심코 잊어버리기도 하고, 먼지가 쌓여 있어도 미처 깨닫지 못해서 청소를 하지 않기도 한다. 식탁 위에 음료를 올려놓을 때, 그 주변에 먼지가 쌓여 있어도 신경을 쓰지 않는다. 텔레비전에 먼지가 덕지덕지 끼어 있어도 그대로 둔다. 집 안의 모든 것은 나에게 너무나 편안하고 익숙하기 때문에 먼지가 있어도 그것을 민감하게 알아차리지 못한다.

교회는 당신에게 무척 익숙한 공간일 것이다. 우리 대부분은 자기가 속한 환경에 익숙해진 나머지, 교회를 처음 방문한 사람들이 교회 시설에 대해 어떻게 느끼는지를 전혀 눈치채지 못할 때가 많다. 우리는 늘 같은 장소에 주차를 하고, 같은 현관을 들락거리기 때문에 현관 유리가 얼마나 더러운지 잘 모른다. 우리가 사용하는 화장실에 타일 조각이 떨어져 있어도 깨닫지 못한다. 만약 깨달았다 하더라도 방문객들만큼 그 문제를 민감하게 받아들이지 않는다.

다양한 프로그램을 만들고 행사를 개최하면서 수강생과 회원들을 모집하지만, 우리는 참여자들이 등록 과정을 간편하다고 여기는지 복잡하다고 여기는지 잘 모른다. 카펫이 깔린 복도를 지날 때도 얼룩 자국 같은 것에는 관심이 없다. 자신에게 너무 익숙하기 때문에 교회를 처음 방문한 사람들이 화장실을 잘 찾을 수 있는지, 화장실 안내 표시는 제대로 되어 있는지 등에는 별로 신경 쓰지 않는다.

우리는 처음 방문한 사람의 눈으로 교회의 환경을 주의 깊게 살펴봐야 한다. 그러기 위해서는 방문객들에게 우리 교회의 느낌이 어떤지 물어보는 것이 바람직하다. 또한 당신이 교회를 처음 방문했다고 가정하고 교회 시설들을 돌아보는 것도 좋은 방법이다. 주차장에 들어오면 빈 공간이 있는가? 당신이 직접 여러 상황을 염두에 두고 살펴보면서 교회 건물로 들어서보라. 진흙탕을 피해 걸어 다녀야 하는 곳이 있는가? 움푹 패거나 먼지가 많은 곳을 지나야 하는 것은 아닌가? 교회의 풍경을 생각해보라. 건물 주변에 잡초가 무성하지는 않은가? 한쪽 구석에 쓰레기가 쌓여 있는 것은 아닌가? 교회 정문은 찾기 쉬운가? 화장실은 어떤가? 예배실로 가는 길은 어떤가? 새가족 사역을 담당하는 사람들이 적재적소에서 방문객들을 맞이하는가? 그리고 그들을 친절하게 대하는가?

교회의 리더들은 대부분 한 교회에 오랫동안 출석해왔다. 리더들은 대체로 주일마다 교회에 일찍 오고 늦은 시간까지 머무르기 때문에 주차장에서 빈자리를 찾으려고 애를 쓰지 않아도

당신이 직접 방문객처럼 해보라

다음 사항들에 유의하면서, 교회의 방문객처럼 해보라. 앞으로 한 달 안에 시행하라.

- 주차장을 이용해보라(들어오기도 하고 나가기도 해보라). 주차장에 안내 표지판들이 적절하게 배치되어 있는가? 표지판이 부족하지는 않은가? 차량의 소통은 어떠한가? 특별히 문제 되는 곳은 없는가?

- 교회로 들어와보라. 정원은 잘 관리되어 있는가? 도로포장 상태는 괜찮은가? 보도블록이 깨져서 위험하지는 않은가? 그 밖에 교회 건물 주변이나 표지판, 현관 등을 주의 깊게 살펴보라.

- 주일학교 주변을 살펴보라. 주일학교 등록 절차가 복잡하지는 않은지, 주일학교 봉사자들이 처음 온 아이들을 친절하게 대하는지, 그들과 쉽게 만날 수 있는지, 아이들을 봉사자에게 인도하려면 얼마나 기다려야 하는지 확인해보라.

- 당신 주변에 있는 성도들의 태도는 어떤가? 당신이 교회에 왔을 때 그들은 당신에 대해 어떻게 느끼는 것처럼 보이는가?

당신이 발견한 내용들을 적은 다음 그것을 가지고 팀원들과 토론해보라. 좀 더 좋은 첫인상을 주기 위해 당신이 즉각적으로 할 수 있는 일들은 무엇인가? 숨은 장애물을 제거하기 위해 당신이 해야 할 일을 찾아 우선순위를 정하라.

주의 깊게 관찰하면 쌓여 있는 먼지보다 더 심각한 문제들을 이곳저곳에서 발견하게 될 것이다. 그 먼지를 털어내려면 결국 '내'가 관심을 가지고 실천해야 한다.

되고, 좁은 복도에서 성도들 틈에 끼어 불편을 겪을 필요도 없다. 그러므로 이번 주에는 다른 성도들과 같은 시간대에 교회에 오고, 부모들이 아이들을 주일학교에 맡기는 시간대에 당신 자녀를 맡기며, 예배 후 성도들이 교회 주차장으로 우르르 빠져나갈 때 그들과 함께 주차장으로 나가보라.

다른 곳에 방문해보라
교회 환경이 어떤 상태인지 알아보려면 자신에게 익숙하지 않은 장소를 가보는 것이 좋다. 외식을 하러 가기 전에 메모장을 하나 준비하라. 그리고 그 식당에서 주의 깊게 살펴볼 점들을 미리 적어보라. 주차장과 식당 안에서 종업원들의 태도, 기다리는 시간, 서비스, 음식 그리고 분위기 등은 어떠한지 당신의 인상을 적어보라. 당신은 그 식당에 대해 전반적으로 어떻게 느꼈는가? 이렇게 하는 이유는 그들의 잘못을 끄집어내기 위해서가 아니라 손님의 입장에서 그 식당의 모든 것을 경험하기 위해서다.

공공시설을 이용해보면 더 많은 것을 알 수 있다. 공항, 박물관, 쇼핑센터 등에 가보면 교회 방문객들이 어떤 기대를 가지고 당신 교회에 오는지 어느 정도 이해할 수 있을 것이다. 대부분의 교회는 그런 공공시설에 비해 규모가 작다. 하지만 디자인과 기능 면에서 전문가의 도움을 받는다면 사람들의 마음을 끄는 교회 환경을 만들 수 있을 것이다.

예를 들어, 나는 공항 표지판들을 관심 있게 본다. 비행기를 이용할 때 목적지로 바로 가지 않고 다른 장소를 경유해서 가는 일이 많기 때문이다. 그래서 다음 비행기로 갈아타는 탑승구를 정확히 알 수 있도록 명확하고 눈에 잘 띄는 표지판이 필요하다. 대체로 공항에서 방향 표지를 따라 20분만 걸으면 시간 낭비 없이 다음 탑승구까지 갈 수 있다.

나는 요 근래 새로운 쇼핑센터를 이용하는데 그곳에 갈 때면 내부 조명이나 인테리어 그리고 건물의 다양한 모습이 자아내는 분위기를 유심히 살핀다. 쇼핑센터 안에서는 음악과 분수의 물소리, 그 밖의 다른 소리에도 귀를 기울인다. 또한 그곳의 정보센터와 가두 판매대, 표지판 배치와 그 표지들이 눈에 들어오는 상태를 살펴본다.

다른 교회들을 방문해보라. 그러면 그곳을 방문하는 사람들이 어떤 경험을 하며 그 교회에서 어떤 느낌을 받았는지 훨씬 쉽게 알아차릴 수 있다. 그래서 당신 교회의 첫인상 사역 팀에 감사하는 마음을 갖거나, 아니면 미진한 부분들을 보완하여 보다 완성도 높은 사역을 하는 데 도움이 되는 아이디어를 얻을 수 있을 것이다. 나는 다른 교회의 컨설팅 작업을 할 때 그곳의 정보센터나 방문객을 위한 간이 설치대 등을 평가한다. 표지판, 배치 상태, 시선, 조명 및 직원에게까지 주의를 기울여 관찰한다. 이런 작업이 그 교회와 나를 후원하는 분들에게 도움이 되길 원한다.

몇 년 전, 내가 얼마나 우리 교회의 자료 설치대와 교인 등록 절차, 표지판에 익숙해 있었는지 깨닫게 된 계기가 있다. 어느 순간 나는 우리 교회 간이 자료 설치대 위쪽 벽에 "Lower

Level"(아래층으로)이라는 문구가 있다는 사실을 깨닫게 되었다. 그렇게 눈에 띄는 오류를 내가 몇 달 동안이나 못 보고 지나쳤다는 사실이 한심하게 느껴졌다.

그 표지판은 원래부터 거기에 설치되어 있었는데, 사람들이 간이 자료 설치대를 계단 입구에 가져다두었던 것이다. 그렇게 해서 자료 설치대는 그 문구 아래에 자연스럽게 자리를 잡았다. 그 표지판은 계단의 방향과 위치를 알려주기 위해 설치한 것이었지만, 우리 교회를 처음 방문한 사람들은 그 사실을 알지 못했다. 어쩌면 첫 방문객들의 눈에는, 아래층으로 내려가려면 거기서 티켓을 사야 하는 것처럼 보였을 수도 있다! 내가 만약 방문객이었다면 "아래층으로"라고 적혀 있는 자료 설치대로는 절대 가지 않았을 것이다!

그 후 우리가 새로운 공간을 사용하게 되었을 때에는 건물에 설치된 모든 표지판을 검사하여 더 큰 글꼴과 명확한 표현으로 바꾸었다.

그러므로 현장에 나가서 직접 관찰해보라. 공항, 박물관, 쇼핑센터, 다른 교회 등을 방문하여 그곳을 방문한 손님의 입장에서 충분한 시간을 갖고 그들이 제공하는 서비스를 평가해보라. 앞서 언급한 "당신이 직접 방문객처럼 해보라"라는 질문지를 이용하여 당신이 그런 장소에서 느꼈던 점을 기록해보라. 이 책에 바로 적어도 되고, 아니면 그 질문지를 복사해서 교회 동료들과 함께 이야기를 나누어도 좋다. 이 질문들 외에도 당신이 그들에게 질문하고 싶은 것들이 있다면 해보라. 질문에 대한 답을 구체적으로

> 잘못될 소지가 있는 것들을 미리 알아내서 사전에 예방하라.

기록하고 당신이 현장에서 경험했던 것들을 다른 사람들과 나누라.

마지막으로, 장애 요소가 무엇인지 찾아내고 그것을 제거하는 것에 관해 다음과 같이 말하고 싶다. 당신 자신을 교회 방문객이라고 생각하고 당신의 교회에 어떤 장애 요소들이 숨어 있는지 생각해보라. 잘못될 소지가 있는 것들을 미리 알아내어 제거함으로써 문제를 사전에 예방하라. 물론 모든 장애 요소를 전부 다 찾아낼 수는 없다. 그러나 평소 최선의 노력을 아끼지 않는다면 만일의 경우 장애 요소가 한두 가지 드러난다고 하더라도 교회 방문객들은 그 문제를 은혜롭게 넘어가줄 것이다.

사명이 확고하면 자연스럽게 성장한다

교회의 가장 큰 장애 요소는 확고하고 한결같은 사명이 없다는 것이다. 그레인저 교회는 사람들이 예수님을 알게 되길 바란다. 그레인저 교회는 사람들이 예수님과 인격적인 관계를 맺고 그들의 삶에 두신 예수님의 목적을 따라 살길 원한다. 우리 교회는 이러한 목적이 다른 것들로 인해 방해받기를 원치 않는다. 우리의 사역 동기는 교회의 외형적 성장이 아니라 많은 사람이 예수님을 믿도록 하는 것이다. 우리는 사람들을 있는 모습 그대로 받아들이면서 그들을 교회의 사명에 동참하도록 도왔다. 그렇게 했을 때 자연스럽게 교회가 성장했다.

그레인저 교회의 사명은 사람들이 예수님을 향해 나아가도록 돕는 것이다. 우리 교회는 이런 동기와 자세로 방문객들을 위해 편안한 환경, 안정된 분위기를 만들어준다. 또한 사람들이 예수님과 더 깊은 관계를 맺을 수 있도록 다양한 프로그램을 지속적으로 개발하고 있다. 만약에 우리 교회 방문객들이 신앙의 다음 단계로 나아가는 데 조금이라도 방해가 된다면 우리의 사역은 실패한 것이다.

당신의 사명은 무엇인가

만약 이 책을 여기까지 읽었는데도 당신 교회의 사명이 무엇인지 뚜렷하게 다가오지 않는다면 이쯤에서 잠시 읽기를 멈추라. 그리고 팀 스티븐스와 토니 모건이 쓴《목회 전략 노트》(국제제자훈련원)를 읽어보라(wiredchurches.com 참조). 교회의 사명을 분명히 하는 데 도움을 줄 것이다. 이 외에도 릭 워렌 목사의《목적이 이끄는 삶》(디모데)을 권하고 싶다(www.purposedriven.com 참조). 교회의 사명이 하나로 통일되어 있으면 성도들의 관점을 통일시킬 수 있고 사역에 활력을 불어넣을 수 있다. 성도들이 한 가지 통일된 사명 아래 뭉쳐 있지 않을 때 그들은 다른 목표와 방향을 추구하게 되고, 그렇게 되면 교회의 사명을 방해하는 요소가 늘어난다. 교회 내에 일관된 사명이 없으면 기대했던 바와 다른 결과를 얻게 될 것이다.

교회의 사명이 분명하게 정해져 있다면 교회 안에서 이루어지는 여러 사역들은 그 사명에 초점을 맞춰야 한다. 우리 교회 첫인상 사역의 사명은, 교회를 방문하는 사람들이 예수님을 알고 신앙의 더 깊은 단계로 나아갈 수 있도록 안정된 환경과 따뜻한 분위기를 조성해주는 것이다. 이런 사명은 하룻밤에 정해진 것이 아니다. 기도와 대화의 과정을 거쳐 수정에 수정을 거듭해서 얻은 것이다. 그레인저 교회에서는 이 과정이 새로운 팀원들을 위한 훈련 단계의 일부로 자리 잡았다. 우리는 새로운 팀원들을 훈련시킬 때마다, 그들이 교회의 사명을 위해 기도하고 대화하도록 한다. 그렇게 함으로써 교회 전체가 동일한 목적을 추구하고 있다는 것을 성도들에게 상기시켜준다.

당신 교회의 사역 팀들은 하나의 이유와 목적 아래 한목소리를 내고 있는가?

사명의 대상은 새가족이다

사명이 분명해지면 그다음에는 사명의 대상이 누구인지를 결정해야 한다. 물론 가장 큰 주제는 이것이다. "하나님은 모든 사람을 사랑하신다!"

그리고 당신 교회가 위치한 지역에 사는 사람들, 즉 다른 교회의 손길이 닿지 않는 사람들에게 하나님이 그들을 사랑하신다는 사실을 전해야 한다. 릭 워렌 목사는 《목적이 이끄는 교회》(디모데)에서 "나는 이스라엘 집의 잃어버린 양 외에는 다른 데로 보내심을 받지 아니하였노라"(마 15:24)라는 말씀을 통해 예수님 사역의 초점을 강조한다. 릭 워렌은 예수님이 독특한 사역보다 효과적인 사역에 초점을 두었다고 말한다.[2]

교회의 사역 초점이 분명해지면 방문객들의 필요를 효과적으로 채워줄 수 있다. 교회의 특징과 지역 사회의 문화를 고려해 보면 당신 교회가 가장 효과적으로 접근할 수 있는 대상이 누구인지 알 수 있으며, 그에 따라 사역 방법도 결정할 수 있다. 예를 들어 교회를 방문한 사람들의 특징을 알면 사역자들의 옷차림이나 환영 인사 방식도 거기에 따라 영향을 받게 될 것이다. 주보 등 인쇄물의 내용이나 형식도 영향을 받게 될 것이다. 교회가 비중을 둔 핵심 가치를 발전시키고 주일 예배의 방향을 정하며 시설을 배치해야 한다.

교회가 어떤 사명과 사역에 비중을 두어야 할지를 알면 이 책에 담긴 아이디어들을 더 적절하게 활용할 수 있다. 그러나 이 책 혹은 다른 자료들에서 얻은 아이디어들은 반드시 자기 교회의 문화와 특징에 맞게 적절히 가감해서 활용해야 한다.

당신의 개성을 살리라. 하나님이 당신에게 주신 소명에 충실하라. 성도들이 교회의 사명을 알고 그것을 공유한다면 음부의 권세가 당신을 이기지 못할 것이다(마 16:18).

그들의 이야기를 귀담아들으라

당신 교회의 사명이 무엇이며 사명의 대상이 누구인지 알 때, 방문객들이 받은 첫인상을 가장 정확하게 말해줄 수 있는 사람들이 누구인지도 알게 될 것이다. 그들은 목회자도 아니고 직분자들도 아니다. 또한 새가족 환영 팀도 아니다. 그들은 바로 당신 교회를 방문한 사람들이다. 그들에게 교회에 처음 들어섰을 때 어떤 느낌이 들었는지 물어보라. 그들은 가장 정확한 피드백을 해줄 수 있는 사람들이다.

왜 우리는 그들에게 피드백을 요청하지 않는가? 왜 우리는 그들의 말이 아니라 보도자료나 통계 그리고 나름대로의 추측에만 의존하는가? 광고 회사 비질랜트의 공동 설립자 마크 스트라첸은 광고를 하기에 앞서 사람들의 의견을 들어봐야 한다고 말한다. "상대방이 무엇에 관심이 있는지 모른다면 그에게 무슨 말을 해야 좋을지도 알 수 없다."[3]

나는 우리처럼 사역자의 입장에 있는 사람들이 다른 사람들의 말을 경청하지 않을 때가 많다고 생각한다. 우리에게 할 이야기가 많은 것은 사실이다. 사역자들은 세상을 향한 하나님의 메시지를 알고 있다는 생각 때문에 그것을 전하는 일에만 신경을 쓰는 듯하다. 그러나 우리가 다른 사람들의 말을 먼저 경청함으로써 그들의 신앙적 동기, 그들이 궁금해하는 것, 그들이 요구하는 것을 제대로 이해한다면 하나님의 말씀을 보다 효과적으로 전할 수 있을 것이다. 다른 사람들의 말을 경청하면 그들을 깊이 이해할 수 있다. 우리가 사람들을 깊이 이해한다면 그들과 대화를 시작할 수 있게 된다. 이렇게 할 때 사람들은 우리가 전하는 하나님의 말씀을 잘 받아들일 것이다.

작고한 리더십 전문가 스티븐 코비는 그의 저서 《성공하는 사람들의 7가지 습관》(김영사)에서, 듣는 것을 성공하는 습관의 한 가지로 꼽았다. "먼저 이해하고 다음에 이해시켜라."[4] 이 책은 상

대방에게 관심을 갖는 방법을 다루며, 심
지어 어떻게 감정을 이입하면서 상대방
의 말을 들을 수 있는지에 대해서도 이야
기한다. 또한 어떻게 다른 사람들의 내면
세계를 들여다볼 수 있는지도 소개하고 있다. 그렇다고 해서 사
람들을 판단하거나 그들의 내면세계를 분석하라는 말은 아니다.
다른 사람들을 돌아보고 배려해야 한다는 뜻이다. 상대방의 말
에 먼저 귀를 기울이는 자세는 은혜가 충만한 공동체에 없어서
는 안 될 필수 요소다.

• 상대방이 무엇에 관심이 있는지 모른다면 그에게 무슨 말을 해야 좋을지도 알 수 없다.

매주 조언을 구하라

사람들은 누군가 자기 이야기를 들어주면 무척 좋아한다. 자
신들의 조언이 서비스를 변화시키는 촉매제가 되기를 바란다.
온라인 설문 조사에 응해본 적이 있는가? 왜 그랬는가? 맥도날
드, 올드네이비, 월마트, 스타벅스 모두 온라인 설문 조사를 통해
피드백을 받고 있다. 자기의 의견이 받아들여지기만 한다면 사
람들은 기꺼이 피드백을 해준다는 사실을 그들은 알고 있다.

바로 그런 이유 때문에 그레인저 교회는 매주 사람들로부터
피드백을 받고 있다. 교회 주보에는 교회 방문객들이 예배하는
동안 쉽게 작성할 수 있는 피드백 카드가 들어있다. 그 카드에는
기도 제목과 어떤 사역에 관심이 있는지 적는 칸이 있고, "우리
교회에서 받은 느낌을 말해주세요"라는 칸도 있다. 이런 조언들
이 교회의 비전을 새롭게 해주었고, 다음 주일 설교에서 어떤 내

용을 다루어야 할지 알려주었고, 방문객들에게 인격적으로 접근하도록 해주었으며, 예수님의 말씀이 사람들의 삶을 변화시키는 것을 보고 감사하게 해주었다.

설문 조사를 하라

우리 교회는 전 성도를 대상으로 주기적인 설문 조사를 실시한다. 그것을 통해 우리가 어떻게 의사소통을 하는지, 무엇이 필요한지, 어떻게 사람들이 성장하고 있는지를 파악할 수 있다. 우리는 예배 음악, 주일학교 그리고 방문객 사역에 대한 교인들의 의견을 수집한다. 그들의 사역 참여도를 알아본다. 또한 방문객들이 새가족 정보 서비스 팀이나 행정 팀에 들러서 무언가를 질문하고 요청할 때 담당자들이 그에 응대하는 데 얼마만큼의 시간이 걸리는지도 알아본다. 우리는 사람들을 소중하게 여기기 때문에 그들에게 질문을 하고 또 그들의 말에 귀를 기울인다.

솔직한 피드백은 우리의 사역에 매우 중요하다. 그렇기 때문에 우리는 예배 설교 때 시간을 따로 내어 성도들에게 설문지를 작성하도록 한다. 그 주 예배는 설교 시간을 줄이고, 우리 교회의 비전과 사명을 알리는 데 집중한다. 설문 조사 시간에는 사역자들이 성도들에게 교회의 사명과 비전이 얼마나 잘 달성되고 있는지를 알려주는 것이 아니라, 방문객들을 포함한 교회의 모든 성도들이 설문지를 통해 사역자들에게 피드백을 해준다. 때때로 예배 시간 중에 간단한 설문 조사를 실시하기도 한다. 온라인 조사는 더 자주 시행한다.

몇 달 뒤 설문 조사의 결과가 나오면 우리는 그것을 성도들에게 알려준다. 설문 조사를 통해 얻은 내용은 우리의 비전을 새롭게 하는 데 도움을 준다. 왜냐하면 인간은 자신이 무엇을 왜 하는지 자주 잊어버리기 때문이다. 그 외에도 교회 사역을 재조명할 수 있게 된다. 또한 설문 조사를 통해 성경 말씀을 진실하게 전하는 데 필요한 전략들을 얻는다. 우리 교회에서는 앞으로도 계속 설문 조사를 실시할 것이다.

우리 교인이 아닌 사람들에게도 물어보라

몇 년 전, 우리 봉사자들 중 한 명이 불신자 친구들을 예배에 초대하고 그들에게 교회의 첫인상을 물은 적이 있다. 한 달 후, 그전까지 우리 교회에 한 번도 온 적이 없는 사람들이 우리 교회를 체험하고 그에 대한 평가를 내리기 위해 찾아왔다.

이 희한한 방문객들은 우리 교회에서 따뜻하고 편안한 환경을 체험했다. 그들은 자기들이 도움을 요청했을 때 우리 교회 사역팀이 신속하고 편리하게 응대해주었으며, 전반적으로 교회에서 아주 좋은 경험을 했다고 말해주었다. 반면에 그들은 다른 사람들이 우리 교회에 대해 언급했던 말도 해주었다. 우리 교회가 지나치게 친절하다는 것이다. 그들을 통해 우리는 봉사자들이 너무 여러 곳에 배치되어 있어서 교회 방문객들이 오히려 부담스러워한다는 것을 알게 되었다. 방문객들 중 소심한 사람들은 친절을 베풀려는 봉사자들을 피해 오히려 다른 쪽으로 달아나는 일도 있었다.

> 아직 당신 교회에 다니지 않는 사람들이 가장 솔직한 피드백을 해줄 수 있다.

그 외에도 봉사자들이 여기저기에 서 있다 보니 방문객들은 예배실로 들어가는 과정에서 지나치리만큼 자주 인사와 악수를 해야 했다.

이와 같은 '비밀 고객' 아이디어는 복잡한 것도 아니었고, 비용이 들지도 않았으며, 부담스럽지도 않았다. 단지 약간의 용기가 필요했을 뿐이다. 그래도 이 일은 용기를 낼 만한 가치가 있었다. 왜냐하면 아직 교회에 다니지 않는 사람들이 가장 솔직한 피드백을 해줄 수 있기 때문이다.

그냥 물어보라

당신 교회를 방문한 사람들이 교회에서 어떤 경험을 했는지 알 수 있는 방법은 그들에게 그냥 물어보는 것이다. 반드시 많은 비용을 써야만 필요한 정보를 얻을 수 있는 것은 아니다. 교회에서 자체적으로 설문지를 만들라. 조지 갤럽과 마이클 린드세이는 《교인 여론 조사》(규장)에서 설문지를 만드는 데 필요한 도구들을 제공하고 있다. 사용자 중심의 이 책은 설문지에 실을 문항들을 단계별로 하나씩 제시해줌으로써, 규모와 상관없이 모든 교회가 다양한 주제들에 대해 자체적으로 설문지를 만들 수 있도록 도와준다.

이 외에도 응답 카드와 사적인 대화 그리고 앞에서 잠깐 언급했던, 독특한 고객들을 통해 얻을 수 있는 정보들을 저평가하지 말라. 무척 유용한 자료가 될 수 있다.

먼저 다른 사람들을 이해하려고 노력하라. 그러고 나서 이해받기를 기대하라. 만약 교회 방문객들이 교회에 대해 만족했다면, 그들은 만족스럽다고 답할 것이다. 만약 그렇지 않다면 만족스럽지 못하다고 답할 것이다. 당신은 단지 그들에게 물어보기만 하면 된다.

만족의 차원을 넘어 교회와 하나 되기

방문객들이 교회가 보여준 관심과 배려에 만족한다는 답을 했더라도 교회는 그들을 만족시키는 차원을 넘어, 그들을 위한 후속 조치를 취해야 한다. 교회에서 만족감 이상의 것을 경험해야 비로소 교회와 적극적인 관계로 발전할 수 있기 때문이다.

갤럽사의 벤슨 스미스와 토니 루티글리아노는 《보통 사람 1억 연봉, 세일즈가 답이다》(청림출판)에서 단순히 고객을 만족시키는 것과 더 나아가 고객과 적극적인 관계를 맺는 것이 어떻게 다른지를 역설한다. 비록 판매와 고객 관리에 역점을 둔 내용이지만, 당신도 이 책을 통해 실제적인 유익을 얻을 수 있을 것이다. 책의 주제가 인간관계이기 때문이다. 어떤 기업체나 조직과 관련이 없는 고객들도 그들이 제공하는 서비스에 대해 만족을 느낄 수 있다. 그러나 적극적인 고객들은 그 조직의 구성원들과 관계를 맺는다. 스미스와 루티글리아노에 따르면 특정 기업체나 조직에 대해 만족스럽다고 말하는 고객이 80퍼센트에 이르지만 자신들이 그 기업체나 조직과 밀접한 관계를 맺고 있다고 말하는

고객은 단지 40퍼센트에 불과하다고 한다.[5]

　교회를 찾아온 사람들과 기존 성도들은 자기들이 교회와 관계를 맺고 있다고 느낄 때, 깊은 신뢰와 존경, 자부심을 가지고 교회 일에 헌신한다. 자기가 교회와 어느 정도 연관되어 있다고 느끼는지를 평가하는 핵심 사항은 '일관성'이다. 예를 들어, 교회를 방문한 사람이 성도들 중 몇 명만 신뢰해서는 교회와 관계를 맺을 수 없다. 그렇기 때문에 온 교회가 그들에게 한결같고 충분한 신뢰를 주는 것이 중요하다. 또한 방문객이 교회와 제대로 관계를 맺기 위해서는, 교회 활동에서 꾸준하고 일관성 있는 만족감을 얻어야 한다. 그럴 때 교회 활동 참여가 교회와 건강한 관계를 맺는 것으로 발전하게 된다.

　교회의 방문객이 단순히 만족하는 차원에 그치지 않고 교회에 정착하여 적극적으로 참여하는 모습을 보고 싶은가? 교회의 사명을 분명하게 정의하고, 방문객의 솔직한 피드백에 귀를 기울이고, 교회 내의 숨은 장애 요소를 제거하라. 그들이 교회에 적극적으로 참여하도록 돕는 일은 그들을 단순하게 만족시키는 것보다 훨씬 어렵다. 그러나 우리의 소명은 사람들이 고객이 되기보다는 교회와 관계를 맺도록 그리고 나아가서는 교회 일에 헌신하도록 돕는 것이다.

다른 곳의 방문객이 되어보라

다음 질문들을 활용하여 새로운 장소에서 당신이 경험한 일들을 기록해보라. 이 질문들은 교회나 식당, 공항, 쇼핑센터, 도서관 등 어디서나 적용할 수 있으며, 당신이 그곳에서 경험한 것들을 평가할 때 무척 유용하다. 당신이 좋은 경험을 하길 바란다.

- 시각적인 사항: 무엇이 보이는가? 시각적으로 거슬리는 것은 무엇인가? 배려가 부족해 보이거나 섬김이 탁월하지 않게 느껴지는 점은 없는가? 표지판들은 잘 배치되어 있는가? 형태나 색깔, 이미지가 당신에게 어떤 영향을 주는가? 눈에 보이는 것들이 당신의 기분과 마음에 어떤 영향을 끼치는가?

- 후각적인 사항: 냄새에 관심을 가지라. 쾌적함을 주는 냄새인가? 그 냄새가 당신에게 편안한 기분을 느끼게 하고 당신의 호기심을 자극하는가? 또는 배고픔을 느끼게 하는가? 그곳에 더 머물고 싶은가? 아니면 빨리 그곳을 벗어나고 싶은가?

- 미각적인 사항: 만약 당신이 그곳에서 식사하는 중이라면 음식의 수준을 평가하라. 그렇지 않다면, 그곳에서 한번 식사를 해보고 싶다는 생각이 드는지 스스로에게 질문하라.

- 촉각적인 사항: 질감에 관심을 가지라. 뭔가 느껴지는 것이 있는가? 당신이 그곳에서 더 좋은 경험을 하게 해주는 것은 무엇인가?

- 청각적인 사항: 어떤 소리가 들리는가? 의도하지 않은 소음들뿐만 아니라 의도적인 소리들이 그 장소에 대한 경험에 어떤 영향을 미치는가? 당신은 어떤 소리를 듣고 싶었는가?

- 사람들에 관한 사항: 직원들은 지나치지도 않고 부족하지도 않을 만큼 적절한 수준의 친밀도와 전문성을 보여주었는가? 그들은 자신들이 하는 일에 대해 충분히 알고 있는가? 그들은 사람들을 탁월하게 섬길 준비가 되었는가?

- 기타 사항: 그 장소에서 직원들이 당신을 소홀히 대하지는 않았는가? 혼란스러운 점은 없었는가? 그곳을 처음 방문한 사람들을 배려하려는 의도적인 노력이 있었는가? 당신에게 "와!"라는 감탄을 자아내게 만든 것이 있었다면, 또는 그러지 못하게 한 장애 요소가 있었다면 기록해보라.

한 걸음 더 나아가기

1 당신의 교회에서 굳이 조사해보지 않아도 쉽게 눈에 띄는 장애 요소는 현재 무엇인가?

2 당신 교회 외의 다른 장소에서 "와!" 하는 감탄사가 나올 정도의 경험을 해보고 그곳을 당신의 교회와 대조해보자. 그러기 위해서 앞으로 한 달 안에 어디를 방문해 볼 것인가?

3 방문객들에게 당신 교회에 대한 느낌을 듣기 위해서 어떤 단계를 밟을 것인가?

4 당신 교회의 기존 신자들과 방문객들 간의 신뢰도를 어떻게 측정할 것인가?

3
스스로 찾아온 영혼을 놓치지 말라

새가족에게 특별한 경험을 선물하기

First Impressions

"외인에게 대해서는 지혜로 행하여 세월을 아끼라"(골 4:5).

그들은 무엇을 경험하고 싶어 할까

나는 아이폰 GPS 앱을 즐겨 사용한다. 새로운 길목으로 접어들 때마다 어디로 가야 하는지 방향을 알려주기 때문이다. 즉 "존슨 가에서 우회전→ 1.5마일→ US 20번 도로에서 좌회전→ 4.5마일"과 같은 식으로 목적지 정보를 준다. 나는 집을 나서기 전 스마트폰에 설치된 앱을 확인한다. 앱을 보면서 운전하면 앞으로 내가 좌회전과 우회전을 몇 번 해야 하는지, 도시를 몇 개쯤 지나야 하는지 알 수 있다. 무엇보다 좋은 것은 언제쯤 목적지에 도착할지 예측할 수 있다는 것이다. 당신이 어떤 GPS 앱을 사용한다고 해도 상황은 나와 비슷할 것이다.

스티븐 코비는 《성공하는 사람들의 7가지 습관》에서 두 번째 습관이 "끝을 생각하며 시작하는 것"[1]이라고 했다. 그러므로 우리는 방문객들이 우리 교회에서 어떤 경험을 하고 싶어할지 사전에 미리 생각해봐야 한다. 만약 우리가 그것을 분명하게 파악할 수만 있다면, 우리는 미리 교통 지도를 만들어서 그들을 인도할 수 있다. 당신은 사람들이 무엇을 느끼게 해주고 싶은가? 그들이 교회에 들어왔을 때부터 몇 분이 지나는 동안에 어떤 느낌을 받았으면 좋겠는가? 그들이 당신의 교회에서 무엇을 보고, 만지고, 듣고 또 냄새 맡기를 원하는가? 자신을 교회 방문객이라 가정하고 교회에서 무엇을 어떻게 느끼고 싶은지 스스로에게 묻고 대답해보는 것도 도움이 될 것이다. 새로운 장소에 갔을 때, 거기서 우리는 무엇을 느끼고 싶어 하는가?

당신은 안 그럴지도 모르겠지만, 나는 새로운 장소에 갔을 때 특별하고 귀한 대접을 받고 싶어진다. 또한 아무런 부담 없이 내 모습 그대로 편안하게 머무르며, 누구의 방해도 받지 않고 자유롭게 행동하고 싶어진다. 상대방의 기대와 요구 때문에 나의 자유와 안락을 제한하고 싶지는 않다.

어색한 분위기를 없애라

나는 고등학교 때 생전 처음으로 근사한 저녁 식사를 해보았다. 그때까지는 식탁 위에 그렇게 많은 포크가 놓여 있는 것을 본 적이 없었다. 단 한 끼의 식사에서 그 많은 포크를 어떻게 다 사용해야 할지 고민스러웠다. 그렇다고 나의 무식함을 드러내고 싶지는 않았다. 더군다나 여자 친구와 데이트를 하고 있는 자리에서는 절대로 그럴 수가 없었다. 그래서 나는 주위 사람들을 살피며 계속 대화를 나누었다. 무릎 위에 얹은 냅킨을 다시 한 번 펴서 가지런히 놓아두고, 샐러드에 소금을 뿌리고, 물을 홀짝홀짝 마셨다. 그러고는 또다시 냅킨을 만지작거렸다. 나는 여자 친구가 먼저 포크를 집어 들고 식사를 시작하길 바라면서, 그녀가 어떻게 하는지 계속 주시했다.

테이블 주위를 둘러보면서, 나는 그녀를 따라 하는 게 좋겠다고 생각했다. 그녀가 포크를 제대로 사용한다는 사실을 내가 어떻게 알아챘는지는 잘 모르겠다. 왜냐하면 포크 사용에 대해 한 번도 이야기해본 적이 없었기 때문이다. 그저 그녀가 포크의 사용 순서를 알 것이라고 추측했을 뿐이다. 그날 나는 그녀를 따라 하면서 식사를 즐겁게 마쳤다.

당신도 마음이 위축되거나 어색하거나 자신감이 없었던 때가 있는가? 그런 감정들은 소외감을 유발한다. 당신 교회의 방문객들은 그런 감정을 느끼고 싶지 않을 것이다.

나의 행동이 어떤 결과를 가져올지 생각하지 않고 방문객들을 영접한다면, 분명 그들은 소외감을 느끼게 될 것이다. 자신들이 교회에 입고 온 옷 때문에 마음이 불편해질 수 있다. 예배를 드리려면 어디로 가야 하는지, 예배 시간에도 언제 앉아야 하는지 또는 언제 일어서야 하는지 몰라 거북해할 수 있다. 만약 그들이 교회의 분위기와 어울리지 못해서 어색한 기분을 느꼈다면, 다시는 교회에 안 나올지도 모른다.

사람들이 큰 교회에서만 이런 어색함을 느끼는 것은 아니다. 어떤 교회든지 고의는 아니지만 무의식중에 방문객들을 소외시키는, 그들만의 가족적인 분위기와 전통이 있는 법이다. 당신 교회를 방문한 사람들은 친교실에 다과가 준비되어 있다는 사실을 아는가? 친교실의 분위기는 그들이 마음 편히 참여할 만한가? 그들이 예배실에 음료를 가지고 들어갈 수 있는가? 교회에서 예의에 맞는 옷차림을 하도록 권장하고 있다면, 처음 방문한 사람들에게 그 내용을 잘 전달하고 있는가? 성만찬을 할 때, 참석한 모든 사람이 무엇을 어떻게 해야 할지 알 것이라고 단정해버리지는 않는가?

> 교회를 방문한 사람들이 어떻게 느낄지 미리 예상해보라

교회 방문객에게 어떤 첫인상을 주고 싶은가? 그들이 이런 것을 느꼈으면 좋겠다고 생각하는 감정을 두세 가지 적어보라. 교회 방문객들이 예배 중에 느끼는 감정이 아니라 교회에 발을 들인 지 몇 분 안에 느끼게 해주고 싶은 감정들을 적어보라.

우연을 가장하라

운동 경기장, 콘서트장, 동물원을 비롯하여 관람객들과 서로 교감을 주고받는 장소들은 '우발적으로 일어날 일을 예상'해서 설계되었다. 이런 장소들을 만들려면 주차장, 티켓 판매소, 교통시설, 매점, 프로그램 등 거대한 계획을 세워 추진해야 한다. 그러나 그 장소를 찾는 사람들에게 가장 기억되는 사건은, 잘 조성된 시설과 환경 속에서 우발적으로 일어난 일들이다. 야구 경기를 관람하던 중에 관중석으로 날아온 공을 잡았던 기억을 누가 잊어버리겠는가? 동물원에서 염소가 어린 여자아이의 리본을 먹어치웠던 장면을 누가 잊어버리겠는가? 그런데 중요한 것은 이러한 우발적인 사건들이 당신이 바라는 결과와 딱 맞아떨어지도록 하는 것이다. 그것은 쉽지 않다.

월트 디즈니는 디즈니랜드에서 가족 휴가를 보낸 손님들의 앨

범이 어떤 사진들로 채워질 것인지를 마음속에 그려보았다. 그때 상상력이 발동했다. 디즈니랜드의 개장을 앞두고 직원들은 이런 질문을 받았다. "우리는 방문객들이 디즈니랜드에서 어떤 경험을 하길 원하는가? 사람들이 디즈니랜드에서 뜻밖의 사건들을 경험하도록 해주기 위해 우리는 어떤 환경을 만들 것인가?"

> 중요한 것은 이러한 우발적인 사건들이 당신이 바라는 결과와 딱 맞아떨어지도록 하는 것이다.

당신이 교회에 대한 사람들의 반응을 좌지우지할 수는 없다. 그러나 당신이 원한다면 사람들로부터 갑작스러운 반응을 이끌어낼 만한 환경 정도는 조성할 수 있다. 스스로에게 이런 질문을 해보라. "교회에서 우연 같은 사건들이 일어날 수 있는 환경을 어떻게 만들어줄 것인가?"

세심한 계획과 기도로 준비된 환경은 성령의 역사를 일으키는 인큐베이터가 될 수 있다. 나는 그것이 교회 안에서 예기치 않게 일어나는 사건들이라고 생각한다. 예상할 수 없는 그런 사건들은 하나님이 임재하시는 순간이다.

> 세심한 계획과 기도로 준비된 환경은 성령의 역사를 일으키는 인큐베이터가 될 수 있다.

적절한 스킨십과 세심한 말 한마디, 진정한 교제를 통해 사람들은 예수님의 사랑을 경험하게 된다.

편안한 분위기를 만들라

당신이 교회 방문객들에게 느끼게 해주고 싶은 것과 그렇지 않은 것은 무엇인지, 그들에게 보여주고 싶은 것과 그렇지 않은 것은 무엇인지, 그들에게 들려주고 싶은 것과 그렇지 않은 것은 무엇인지를 분명히 파악할 수 있다면, 이미 당신은 그들에게 놀라운 경험을 선사할 환경을 만들기 시작한 것이다. 다음 질문에 답해보라. "나는 방문객들이 월요일에 출근해서 동료들에게 우리 교회를 어떻게 말해주길 바라는가?"

이 질문에 대한 그레인저 교회의 답은, 방문객들이 우리 교회가 아주 편안하게 느껴진다고 말해주는 것이다. 이런 말을 듣기 위해 우리는 무엇보다 사람을 가장 우선시하고 중요하게 여긴다. 교회 방문객들의 경험을 평가할 때 가장 중요하게 고려해야 할 요소는 사람이다.

그레인저 교회는 사람들이 가족이나 친구들과 쇼핑할 때와 같이 교회에서 서로 편안한 마음으로 교제하도록 해준다. 손에 음료를 들고 교제하는 것만큼 낯선 장소에서 사람들의 마음을 편안하게 해주는 것은 없다. 우리 교회의 로비에는 커피나 탄산음료를 마실 수 있는 카페가 있다. 사람들은 교회 건물로 들어서자마자 카페를 보게 된다. 이것은 사람들이 카페에서 편안한 마음으로 교제할 수 있도록 도우려는 의도이다. 이렇게 할 때 사람들은 긴장을 풀고, 교회에서의 새로운 경험을 차분하게 받아들일 수 있다. 우리의 바람은 교회를 방문한 모든 사람이 카페에서 커피를 사 먹는 것이 아니라 자연스럽게 다른 사람들과 어울리는 것이다. 교회 방문객들에게 제공해주고 싶은 경험들을 마음속에 그려볼 때, 그들이 다른 사람들과 대화를 나누는 모습도 함께 상상해보라. 그리고 4개월 또는 6개월마다 그런 모습을 다시 마음에 떠올려보라. 당신은 그 장면들이 종종 바뀐다는 사실을 깨달을 것이다.

할 수 있는 것부터 시작하라

당신의 꿈이 현재 당신의 능력으로 할 수 있는 것보다 더 큰 것이기를 바란다. 큰 꿈을 꾸라. 현재의 처지나 형편에 얽매이지 말고 미래를 바라보라. 그렇게 오늘을 살아가는 것이 바람직하다. 현재 당신의 모습이 장차 되고 싶어 하는 모습과 많이 다르다 해도 용기를 잃지 말라!

우리 교회에 처음부터 카페나 레스토랑이 있었던 것은 아니다. 새가족반이 열리는 장소가 원래부터 지금처럼 적절한 곳에 위치했던 것도 아니다. 다른 교회나 사업체들과 마찬가지로 우리는 꿈을 꾸고, 다양한 것을 시도하고, 또 새로운 것을 구상했다. 우리 교회는 10년 동안 극장 건물을 빌려 예배를 드렸다. 작은 테이블을 정보 센터로, 이동식 소형 테이블을 커피를 마시며 교제하는 공간으로 사용했다. 우리는 10년 동안 이런 간단한 시설들을 매주 배치했다.

1996년 지금의 교회로 이사 왔을 때, 우리는 지금의 중앙 홀에서 예배를 드렸다. 그곳은 327명을 수용할 수 있는 공간이지만 당시 400명가량이 발 디딜 틈도 없이 들어서서 예배를 드렸다. 일주일에 여섯 번 예배를 드렸는데 입구에서 가장 멀리 떨어진 구석 쪽에 겨우 작은 안내 테이블 하나를 두었고, 커피도 제공하지 않았다.

당신의 형편에 따라 작은 것부터 시작하라.

2000년 봄에 우리는 중앙 예배실 확장 공사를 했다. 더 많은 성도들이 앉을 수 있도록 하기 위해서였다. 거의 4개월에 걸친 공사 기간 동안 '가장 구석 쪽에 있던' 정보 센터는 사용할 수 없게 되었다. 그래서 우리는 소형 트레일러를 빌려 앞마당 잔디 앞에 배치한 뒤 "고물 창고 같은 정보 자료 트레일러"라는 글씨를 크게 써 붙였다. 그 트레일러는 비록 보기에는 흉했지만 사람들의 눈에는 잘 띄었다.

내 말의 핵심은 이것이다. 당신이 할 수 있는 것부터 시작하라. '만약 지금 완벽하게 할 수 없다면 아예 시작하지 않는 것이 낫다'라는 생각은 교회 방문객들을 속이는 것이다. 또한 그들에게서 함께 섬길 수 있는 미래의 기회를 빼앗는 것이다. 반드시 많은 돈을 써야만 방문객들에게 감동을 선사하는 것은 아니다. 예를 들어 우리가 했던 간단한 것들 중에는 비 오는 날 차에서 교회 문 앞까지 사람들에게 우산을 받쳐주는 것도 있었다. 우리는 불과 몇 달러밖에 투자하지 않았지만 반응은 기대 이상이었다. 당신의 형편에 따라 작은 것부터 시작하라.

처음 10분에 승부를 걸라

우리가 방문객들에게 좋은 인상을 주기 위해 얼마나 고심했는지 돌아보면 놀랄 따름이다. 우리는 교회를 방문한 사람들이 교회에 들어선 지 10분 안에 "와! 정말 놀랍군요!"라고 말하지 않는다면 실패한 것이라고 생각했다.

이 10분 안의 감동은 주차장에서 주일학교까지 가는 도중 어디서든 일어날 수 있다. 어린아이가 있는 부모들이 화장실에 들렀다가 주일학교로 가면서 '와! 정말 배려를 많이 하네!'라는 생각을 갖게 하는 것이 그레인저 교회의 기준이다. 예배실에서 음악이 시작되기 전에, 설교가 시작되기 전에, 그레인저 교회에 발을 들여놓는 순간에 교회 방문객들이 우리 교회에 온 것을 기쁘게 여기도록 해주어야 한다. 우리는 하나님이 그들을 정말 중요하게 생각한다는 것을 말보다 행동으로 먼저 보여주어서 그들이 피부로 느끼도록 했다.

제프리 기토머는 만약 당신이 교회에서 이런 것들을 성공적으로 실행하고 있다면 여러 가지 면에서 그 성공의 사인(signs)들을 확인해볼 수 있을 것이라고 말한다. 그것은 직접적인 피드백 형태로 올 수도 있다. 또 어떤 경우에는 누군가 "와!"라고 말하는 소리를 직접 들을 수도 있다. 어떤 경우에는 아주 모범적인 섬김에 대해 미소로 답이 돌아올 수도 있다. 어떤 경우에는 "어떻게 감사를 드려야 할지…"[2]라는 말을 들을 수도 있다. 또 경우에 따라서는 사람들이 당신 교회에 연이어 두세 번 나오는 것을 통해 목표가 달성되어간다는 것을 느낄 수도 있다. 또는 누군가 방문객의 말을 듣고 당신 교회로 올 수도 있다.

당신의 교회 환경에서 '처음 10분의 원리'를 어떻게 적용할 수 있을까? 당신 교회의 새가족반에서 어떻게 하면 "와!" 하는 경험을 제공할 수 있을까? "와!" 하는 반응을 얻기 위해 당신은 차와

> 우리는 우리 교회를 방문한 사람들이 교회에 들어선 지 10분 안에 "와! 정말 놀랍군요!"라고 말하지 않는다면 실패한 것이라고 생각했다.

과자를 대접할 것인가? 주차를 대신 해줄 것인가? 당신 교회가 처한 환경에 대해, 교회 공동체에 대해, 방문객들을 위한 배려에 대해 감동을 창조해내라. 당신이 그들을 얼마나 중요하게 생각하는지 잘 전달할 수 있을 것이다.

만약 당신 교회에 지금까지 새가족반이 없었다면 그런 조직을 만드는 것 자체가 "와!" 하는 반응을 이끌어낼 수 있다. 만약 새가족을 환영하는 봉사자들은 있지만 주차를 도와주는 사람이 없다면 주차 부서를 만듦으로써 방문객들을 감동시킬 수도 있다. 혹시 당신 교회에 새가족반이 잘 갖추어져 있더라도 팀원들이 방문객들보다 먼저 교회에 와 있지 않으면 감탄이 나올 수 없다 (이것은 상당히 중요하다!).

당신에게 주어진 시간은 단지 10분이다. 그 시간 안에 당신의 교회를 찾아온 방문객들이 "와! 정말 놀랍군요!"라는 말을 하게 만들 수 있는가?

혁신이 있어야 감동이 지속된다

물론 오늘의 감동이 내일의 감동이 될 수는 없다. 만약 교회가 어떤 섬김으로 사람들에게 "와"라는 탄성을 얻어내는 데 성공했다면, 그다음부터는 사람들이 교회의 섬김을 미리 예상하고 기대한다. 그로 인해 교회는 좋은 평판을 얻게 될 것이다. 하지만 이제 더 이상 그것은 감탄을 자아내는 행동이 될 수 없다.

"와!"는 예상치 않게 터져 나오는 탄성이어야 한다. 더블트리 호텔에서 제공하는 갓 구운 쿠키, 집에서 사용하는 것보다 훨씬 푹신푹신하고 느낌이 좋은 웨스틴 호텔의 침대, 당신의 생일날 레스토랑에서 제공해주는 무료 디저트 등은 전혀 예상하지 못했던 놀라운 경험들이다. 그러나 시간이 지나면서 이런 경험들은 일반화되어버린다. 이런 사업체들은 손님들의 탄성을 얻어내기 위해 다양한 깜짝 이벤트를 계속해서 준비할 것이다.

우리 교회에서 방문객들에게 "와!" 하는 소리를 듣기 위해 실시했던 새로운 이벤트를 소개한다. 우리는 주말에 방문하는 사람들의 편의를 봐주기 위해 교회 근처에다가 주차장을 더 마련했다. 그런데 주차장이 교회 건물과 떨어져 있어서 방문객들은 차를 주차한 후 제법 먼 거리를 걸어야 했다. 처음으로 교회에 온 사람들도 교회 앞마당을 가로질러야만 건물 안으로 들어갈 수 있었다. 겨울이 되면 사람들은 오직 하나만을 바라면서(어서 빨리 따뜻한 곳에서 몸을 녹이는 것) 추위에 떨며 먼 길을 걸어왔다. 그래서 우리는 2001년에 크리스마스 헌금으로 17인승 승합차 두 대를 구입했고, 주차장에서 교회 건물까지 차량을 운행하기 시작했다. 승합차에는 텔레비전 모니터를 설치하고 우리 교회의 사역에 대한 소개 영상을 반복해서 상영했다. 승합차의 좌석은 공동체 의식과 열린 관계를 독려하기 위해 일렬로 배치하지 않고 U자형으로 배치했다. 운전기사들은 우리 교회 첫인상 사역팀에 속한 사람들로, 주차장에서 교회 건물까지 사람들을 편안하고 안전하게 수송하도록 훈련을 받았다. 이는 우리 교회를 방문한 사람들이 "와!" 하고 탄성을 지르게 하는 요소들 중 하나였다. 그러나 10년쯤 지나자 승합차들의 유지비와 부품 교체 비용이 점점 늘어났고, 쓰임새도 시들해졌다. 그래서 지금은 더 이상 운행하지 않는다.

예전에 작은 카페였던 자리에는 편안한 좌석을 갖춘 레스토랑을 만들어 주중 무휴로 운영한다. 방문객들은 이곳에서 주말뿐 아니라 평일에도 언제든지 대화를 나눌 수 있다.

나는 지금도 다른 사역 팀원들과 함께 그레인저 교회의 미래를 꿈꾼다. 우리가 교회를 방문한 사람들에게 아직은 제공해주지 못하지만 앞으로 제공해줄 수 있는 것들에는 무엇이 있을까? 우리 교회가 어떻게 해야 사람들에게 계속 탄성과 감동을 얻어낼 수 있을까?

나는 화면에 손만 대면 필요한 정보를 제공해주는 무인 정보 단말기를 교회 로비에 설치할 날을 꿈꾼다. 어떤 방문객들은 교회에 정식으로 등록하겠다고 마음먹기 전까지 아무에게도 자기의 존재를 알리고 싶어 하지 않는다. 우리 교회 방문객들이 터치스크린 형식의 무인 정보 단말기 앞으로 걸어가서 예배당 시설 안내도를 인쇄하고, 행사나 수련회 또는 소그룹이나 각종 교육과정에 등록할 수 있게 한다면 어떨까?

"와!"라는 탄성은 혁신과 관련이 있다. 그리고 혁신은 끊임없이 변하는 문화에 발맞춰가는 것이다. 우리는 변화를 날카롭게 지켜보는 관찰자들이 되어야 하며, 변화를 이야기하는 사람들이 되어야 하며, 변화를 전달하는 사람들이 되어야 한다. 다음 단계의 "와!"는 어디서 시작할 것인가?

당신이 처한 상황에서 "와!"를 만들어내라

아래의 표를 활용해서 실현 가능한 "와!"가 무엇인지 생각하거나 팀원들과 브레인스토밍을 한 뒤 시나리오를 작성해보라. 먼저 왼쪽 칸에 당신 교회의 방문객들이 일반적으로 기대하는 것 열 가지 혹은 그 이상을 적으라. 그리고 가운데 칸에는 그 '각각의 기대들'을 채워주지 못함으로 오히려 방문객들을 실망시킬 수 있는 부정적인 가능성들을 써보라. 예를 들어 '일반적인 기대'가 화장실에 휴지를 비치해두는 것이라면, '부정적 경험을 할 가능성'은 화장실에 휴지가 없는 것이다. 마지막으로, 오른쪽 칸에는 일반적인 기대를 "와!"라는 감탄으로 바꾸기 위해 당신이 할 수 있는 것들을 써보라.

일반적인 기대	부정적인 경험을 할 가능성	감동을 줄 수 있는 방법

주변에서 '감동 메이커'를 찾아보라

더블트리 호텔의 갓 구운 쿠키에는 고객들에게 감동을 주려는 의지가 담겨 있다. 웨스틴 호텔의 푹신푹신한 침대는 호텔 침대가 불편하다고 고객들이 수차례 의견을 제시한 것에 대한 응답이다. 그레인저 교회의 셔틀 승합차는 교회의 비전이 만들어낸 것이다. 그리고 이 모든 아이디어의 이면에는 사람들이 있다. '감동 메이커' 역할을 하는 사람들 없이 "와!" 하는 탄성이 나오는 것은 불가능하다.

물론 당신이 '감동 메이커'일 수도 있다. 당신은 새롭고 참신한 아이디어를 생각해낼 수 있을 것이다. 그러나 리더십의 힘은 탁월한 아이디어들을 혼자서 다 생각해내는 데 있지 않다. 오히려 여러 감동 메이커들로부터 좋은 아이디어를 얻어서 그것을 실행하는 데 있다.

감동 메이커들은 교회를 방문하는 사람들이 탄성을 지를 정도로 신선한 아이디어를 내고, 새로운 행동 또는 새로운 해결 방안을 제시하는 사람들이다. 그들은 지금도 '어떻게 하면 교회 방문객들에게 더 깊은 인상을 남길 수 있을까?' 하고 생각한다. 그들은 "이렇게 하면 어떨까?"라는 말부터 시작한다. 그리고 그 가능성에 대해 꿈을 꾸면서 밑그림에 색을 칠한다. 감동 메이커들은 깊은 생각을 통해 얻은 아이디어들을 제시할 수도 있다. 그러나 그들은 교회 방문객들을 지켜보면서 어떻게 하면 방문객들이 더 좋은 경험을 하게 할 수 있는지 그 자리에서 즉각적으로 제안하는 경우가 더 많다.

사람들이 당신에게 좋은 아이디어를 말할 수 있게 하라. "감동 아이디어들"이라는 이름표를 붙인 상자를 만들어두는 것도 하나의 방법이 될 수 있다. 당신과 가까운 곳에서 사역을 돕고 있는 팀원들의 말에 귀를 기울이라. 교회 방문객들을 더 잘 섬길 수 있는 방법이 있는지 그들에게 물어보라. 특별히 혁신적인 아이디어들을 수집하기 위해 이메일 계정을 따로 만들어두라. 제시된 아이디어들을 활용하든 활용하지 않든, 아이디어를 낸 사람에게는 보상을 하라.

● 감동 메이커들은 "이렇게 하면 어떨까?"라는 말부터 시작한다.

그레인저 교회의 첫인상 사역 팀

그레인저 교회가 점점 성장하면서 첫인상 사역 팀의 범위와 인원도 점점 확대되었다. 다음은 첫인상 사역과 각 팀별로 맡고 있는 책임 사항들에 대한 설명이다. 새가족을 맞이하기 위해서 사역 팀을 조직할 때는 각 교회만의 독특한 문화와 상황들을 고려해야 한다.

● **주차 및 교통정리 팀**: 남녀가 함께 팀을 이루며 눈이 오나 비가 오나 항상 교회를 오가는 많은 차량들을 관리하고 교회 방문객들의 주차를 돕는다.

● **안내 및 환영 팀**: 6주를 기준으로 서로 순서를 바꿔가면서 사역을 섬긴다. 일반적으로 주말 예배에는 전체 팀이 사역을 섬긴다. 이들은 교회로 접어드는 길모퉁이에서, 교회 정문 앞에서 그리고 예배실 앞에서 교회를 방문한 사람들을 맞이한다. 예배실 안에서는 안내자들

이 주보를 나누어 주고, 교회 방문객들을 자리로 안내하며, 헌금을 걷는다. 그레인저 교회에는 각 예배별로 30명의 안내자들과 환영 위원들이 활동하고 있다.

● 새가족 정보 서비스 팀: 교회 방문객들의 질문에 답해주고, 등록을 받으며, 예배 중에 걸려오는 전화를 받고 있다. 사람들에게 정보를 알려주는 이 팀은 꼼꼼하고 세부적인 것들을 잘 챙기며, 정리하는 능력이 뛰어나며, 돈을 지혜롭게 다룰 줄 아는 사람들이다.

● 시설 안내 팀: 새로 온 사람들에게 관심을 보이고, 어린아이를 동반한 가족들을 주일학교 예배실로 데려다주고, 그들에게 교회 구석구석을 안내하며 질문에 답한다.

● 서점 팀: 자원봉사자들로 이루어진 이 팀은 새로운 방문객들과 기존 성도들이 영적 성장을 위해 편안한 마음으로 책을 읽을 수 있도록 섬기며, 그들이 요청하면 언제든지 도와준다.

● 카페 팀: 방문객들이 환영받도록 분위기를 만들며, 성도들이 커피를 마시면서 서로 안면을 익히고 대화를 나누도록 돕는다.

● 주보 및 기타 인쇄물 담당 팀: 보이지 않는 곳에서 수고하는 이 팀은 주일 예배에 사용되는 수천 장의 주보를 만들기 위해 토요일 오후에 모인다.

● 관리 팀: 교회의 유리창이 반짝반짝 빛나게 하며, 주방 싱크대를 깨끗하게 관리하고, 화장실에 휴지가 떨어지지 않게 한다. 이들은 장애 요소들을 제거하고 교회의 시설을 항상 쾌적하게 유지함으로써 교회 방문객들에게 좋은 인상을 주고자 노력한다.

● 안전 팀: 주일에 자원봉사를 하는 사람들로, 훈련된 전문가들이다. 여러 경찰서들과 협력하여 일한다. 이들이 교회에 있음으로써 사람

들은 교회가 안전하다고 느낀다.

- 의료 팀: 이 팀에 속한 사람들은 비상사태가 벌어졌을 경우 예배 중이라도 휴대용 무선호출기를 착용할 수 있다. 각 예배별로 네 사람까지 배치된다. 심폐소생술(CPR), 제세동기(defibrillator), 산소 호흡기 등의 사용법을 훈련받는다.

- 공지 담당 팀: 대외적이고 공식적인 모든 모임에서 교회 소식을 전하는 리더 역할을 한다. 그들은 교회 전체에 긴급 공지를 알리는 것은 물론 교회 소식을 전달하는 통신 시스템을 관리 감독한다. 이 팀은 독립적으로 운영되며 주별로 순서를 정해 섬긴다.

그들을 어떻게 맞이할 것인가

오래전에 그레인저 교회에서는 "만약 당신이 깨끗한 이를 드러내고 미소를 지을 수만 있다면 언제든 첫인상 사역 팀에 와서 섬길 수 있습니다"라는 말을 농담 삼아 했다. 반드시 그런 것은 아니지만 사실 이 사역을 담당하는 팀원들에게는 다른 사람들보다 더 밝은 미소가 요구된다. 첫인상 사역 팀은 사람들과 어떻게 관계를 맺는지 알아야 하고 그것을 즐길 수 있어야 한다. 그들은 '감동 메이커'가 되어야 한다. 하나님은 각 사람을 창조하실 때 그가 교회에서 어떤 사역에 몸담을 것인지 또 어떤 일을 할 것인지를 고려하셨다. 그러므로 교회의 모든 성도가 새가족 사역과 관련된 팀에서 일해야 하는 것은 아니다.

어떤 사람들로 새가족 사역 팀을 구성할 것인가, 누구를 예배 안내자로 세울 것인가, 누가 환영 팀이 될 것인가, 어떻게 적절한 사람들을 새가족 사역 팀으로 연결할 수 있는가 등의 문제는 주의해서 다루어야 한다. 그레인저 교회에서는 새들백 교회의 담임목사인 릭 워렌이 만든 방법을 택했다. 그는 다섯 가지 요소를 대표하는 SHAPE를 사용하여 사람들이 자신에게 맞는 사역을 찾도록 도왔다. SHAPE는 각각 Spiritual Gifts(영적 은사), Heart(마음), Abilities(능력), Personality(성격), Experience(경험)를 나타낸다. 이 요소들을 좀 더 자세하게 알아보자.

> '사람이 가장 중요한 자산이다'라는 옛말은 틀린 말이다. 사람이 가장 중요한 자산이 아니라 적절한 사람이 가장 중요한 자산이다.[3]
>
> _짐 콜린스

> 이와 같이 우리 많은 사람이 그리스도 안에서 한 몸이 되어 서로 지체가 되었느니라(롬 12:5).

Spiritual Gifts(영적 은사)

영적 은사는 신자들이 하나님의 은혜를 세상에 증거하고, 하나님이 목적하신 일들을 행하며 신자들을 무장시키기 위해 성령께서 주신 거룩한 능력이다. 환대와 격려의 은사는 첫인상 사역 팀의 무한한 가치가 담긴 자산이다. 물론 다른 은사들도 첫인상 사역 팀에서 볼 수 있다. 예를 들면, 행정의 은사나 리더십의 은

사는 첫인상 사역 팀을 관리하고 지도하는 데 반드시 필요하다. 릭 워렌은 《목적이 이끄는 삶》에서 이것에 대해 이야기한다. "우리 모두가 자기에게 있는 은사들을 사용하면 전체가 유익을 얻을 수 있다. 만약 다른 사람들이 은사를 사용하지 않는다면 당신은 그들에게 속고 있는 것이다. 만약 당신이 은사를 사용하지 않는다면 당신은 그들을 속이는 것이다."[4]

첫인상 사역은 사람들이 자신의 영적 은사들을 사용할 때 열매를 맺는다.

Heart(마음)

이것은 열정을 의미한다. 모든 사람은 특정한 동기나 필요에 따라 어떤 것에 애착을 갖는다. 열정은 우리가 대화하는 중에도 드러나며 우리의 감정과도 깊은 관련이 있다. 그러나 어떤 사람들은 자기에게 열정이 있는지조차 잘 모른다. 개인의 열정은 어디엔가 묻혀 있는 경우가 많다.

때로 열정은 비판의 형태로 나타난다. 불평처럼 들리는 말도 찬찬히 뜯어보면 그 속에는 변화를 이끌어내고자 하는 열망이 가득한 경우가 있다! 사람들은 그들이 관심과 열정을 갖고 있는 영역에서 문제들을 발견하고 지적하는 경향이 있다. 그래서 그런 불평을 하는 것이다. 만약 우리가 그런 사람들을 단지 불평불만을 일삼고 말썽만 일으키는 문제아로 치부해버린다면 열정이 있는 핵심 요원들을 놓쳐버릴 것이다.

반면에 어떤 사람들은 정말 끊임없이 불평을 늘어놓는다. 만약 불평만 늘어놓는 경우라면, 그들에게 적절한 도움을 주라. 그들은 섬김이 필요한 자들이기에, 그들을 지도력을 발휘하는 위치에 두어서는 안 된다.

사람들의 열정에 주의를 기울이라. 당신 팀의 모든 팀원은 사람들에게 다가가 관계를 맺는 일에 열정을 가져야 한다.

Abilities(능력)

경청하기, 의사소통 능력, 질문하기, 계산하기, 안내하기, 통솔하기, 상황 인식하기, 유용한 정보들을 널리 퍼뜨리기 등은 전부 첫인상 사역에 도움이 되는 능력들이다. 사람들이 사역을 섬기는 과정에서 자신의 능력을 발견하고 또 그 능력들을 충분히 사용하도록 돕는 것이 중요하다. 각자에게 주어진 능력과 은사를 가능한 한 많이 사용하도록 팀원들을 격려한다면 그들은 깊은 만족감을 경험하게 될 것이다.

Personality(성격)

사람들은 환영 팀에서 하는 일이 그저 "환영합니다!"라는 말만 하는 것이라고 생각하기 쉽다. 그러나 환영 팀은 그 외에도 무척 중요한 역할을 한다. 따라서 자원봉사자들은 자신이 어떤 점에서 이 사역과 잘 맞는지 알아야 한다.

그레인저 교회의 첫인상 사역 분야 중에는 교회 방문객들을 환영하고 싶은 열정은 있지만 내성적이고 조용한 사람들에게 잘 맞는 팀도 있고 그렇지 않은 팀도 있다. 예를 들면, 우리는 내성적인 사람들에게 새가족을 환영하는 팀에서 일해달라고 요청할 수 없다. 그러나 주보를 만드는 팀에서 일해달라고 요청할 수는 있다. 사람들을 직접 대면하면서 환영하는 역할은 반드시 외향적인 성격의 사람들이 맡아야 한다.

> 방문객들이 교회에서 무엇을 경험하길 바라는지 생각해보라. 동시에 어떤 팀원이 그것을 해줄 수 있을지도 생각해보라.

Experience(경험)

직장 경험, 전에 다녔던 교회에서의 경험, 고통스러웠던 경험 등 인생의 모든 경험들은 팀원들이 적절한 팀과 역할을 찾는 데 도움을 준다. 과거에 직장을 다녔거나 아니면 현재 직장을 다니는 사람들, 그중에서도 특히 영업직이나 고객 서비스 분야에서 일하는 사람들은 팀원들을 도와 교회 방문객들에게 좋은 인상을 줄 수 있다. 모든 경험이 다 유용하게 쓰일 수 있다. 하나님 안에서는 그 무엇도 버릴 것이 없다.

방문객들이 교회에서 무엇을 경험하길 바라는지 생각해보라. 동시에 어떤 팀원이 그것을 해줄 수 있을지도 생각해보라. 당신의 교회에서 감동 SHAPE를 가진 사람들을 뽑아 첫인상 사역에 배치하면, 그들도 헌신을 통해 깊은 만족을 누리게 될 것이다. 또한 교회를 방문하는 사람들도 환영받는다는 느낌, 교회가 집처럼 편안하다는 느낌을 갖게 될 것이다.

모든 사람에게 독특한 특징이 있다는 것을 인식하고 그들의 개성을 중시하라. 자기의 은사와 능력을 발휘할 수 있는 적절한 자리와 역할을 찾을 때 그들은 승리할 것이다.

각 사람에게 맞는 역할 찾기

다음 표에는 그레인저 교회 첫인상 사역의 각 역할과 그 역할을 수행하는 데 도움이 되는 영적 은사, 성격적 특성, 능력들이 정리되어 있다. 표의 전부 또는 일부를 사용해서 대강의 윤곽을 잡아보고 섬김에 적합한 사람들을 모집해보라.

역할	영적 은사	성격	능력
주차 및 교통정리	행정 또는 섬김	무관	지시를 잘 따른다. 사람과 직접 대면해야 하는 부담 속에서도 조용하고 진심 어린 태도를 보인다.
안내자	환대 또는 격려	외향적	교회 방문객들에게 환영받는다는 느낌을 주되 지나치지 않도록 한다.
새가족 정보 서비스 센터 전문 인력들	환대 또는 행정	외향적	매우 꼼꼼하고 세부적이며, 대인관계를 잘 이끈다. 교회 네트워크와 사역들에 대해 폭넓은 지식을 갖추었다.
시설 안내	환대 또는 격려	외향적	교회 건물과 사역에 대한 지식을 갖춘 사람으로서 전문가다운 용모를 갖추었다.
예배실 안내	환대 또는 격려	외향적	부담감 속에서도 조용하고 진심 어린 태도를 보일 수 있는 사람으로서 분별력이 있고 민감하다.
카페/서점 도우미	환대 또는 섬김 또는 행정	외향적	정리를 잘하며 꼼꼼하다. 사람들을 좋아하고 물건을 소중히 다룬다.
주보 만들기	섬김	내성적	조직적이며 빠른 속도로 일한다.
비품 관리	섬김	무관	꼼꼼하고 세부적이며, 융통성이 있다.
안전 전문가	행정 또는 리더십	무관	꼼꼼하고, 관찰력이 뛰어나고, 차분하며, 위기에도 흔들리지 않는다. 안전 훈련을 받았다.
의료	섬김	무관	심폐소생술 훈련을 받은 사람으로, 긴급 상황에서도 차분함을 유지할 수 있다.
공지 담당	리더십 또는 행정	외향적	조직력이 탁월하고 꼼꼼하며 관계를 맺는 기술이 뛰어나 교제의 폭이 넓다.

감동이 새로운 감동을 불러일으킨다

존 맥스웰은 그의 저서 《존 맥스웰 리더십 불변의 법칙》(비즈니스북스)에서 자성의 법칙에 대해 말한다. "당신이 누구인지는 당신이 누구를 얻느냐로 알 수 있다."[5] 당신이 팀원들의 SHAPE에 근거해서 첫인상 사역 팀을 조직할 계획이라면 이 법칙에 유념하라. 무엇보다 이 법칙을 리더십에 적용하라.

몇 년 전 나는 백화점 의류 소매점에서 일한 적이 있다. 내가 맡고 있는 매장의 관리자는 내가 팀에 강한 소속감을 느끼고 일에 재미를 붙인다면 새로운 팀원들을 모집하는 데 별 어려움이 없을 것이라고 말했다. 내가 사람들에게 이 비전을 심었을 때 그들은 우리 팀에 합류했다. 첫해에 나의 보조자 앨런과 내가 한 팀이었고 팀의 분위기는 가족 같았다. 이 일을 하면서 느끼는 재미에는 전염성이 있다. 백화점에서 옷 구경을 하며 지나가는 사람들이 우리와 이야기를 하려고 매장으로 들어오기도 했다. 우리 팀의 가족적인 분위기로 인해 팀원들을 모집하는 수고가 반으로 줄어들었다. 사람들은 재미있는 곳에 합류하기를 원하며 언제든지 자기들을 환영해주는 분위기를 원한다!

교회에서 리더를 세울 때는, 먼저 교회를 방문하는 사람들이 어떤 경험을 하게 해줄 것인지에 대한 전체 계획을 세우라. 그런 다음 동역자들에게 이 사역이 가진 영구적인 장점들을 설명하라. 사람들은 "우리 함께 이 비전을 품고 나아갑시다"라는 권면을 들을 때 교회의 전체 비전에 동참하려고 할 것이며 자기들이 속한 팀에도 그 비전을 전달하게 될 것이다.

기억하라. 리더십이 팀원들의 태도를 결정할 것이다. 당신이 감동 메이커들로 팀의 리더를 세우면 그들은 감동 메이커가 될 만한 또 다른 사람들을 이끌 것이다. 탁월함은 탁월함을 불러오고, 재미는 재미를 만들어낸다. 첫인상 사역에 속한 여러 팀들의 능력과 특징은 각 팀 리더들의 능력과 특징에 따라 결정될 것이다. 자성의 법칙을 명심하라. 그러면 그 법칙도 당신을 실망시키지 않을 것이다.

감동 아이디어를 가진 사람들은 감동 경험을 만들어낸다. 그리고 나면 팀에 합류할 사람들이 더 많이 몰려올 것이다. 이제 그들을 감동시킬 준비를 하라!

> 설득력 있는 비전은 사람들의 상상력을 자극할 뿐만 아니라 그들을 비전에 헌신하게 만든다. 사람들은 그들이 붙든 비전으로 인해 자신의 삶과 살아가는 방식의 우선순위를 다시 정하게 된다.[6]
>
> _앤디 스탠리

한 걸음 더 나아가기

① 꿈을 꾸라. 당신 교회를 방문한 사람들이 월요일에 출근해서 동료들에게 당신 교회에서 경험한 것들에 대해 무엇이라고 말하기를 바라는가?

② 당신 교회를 방문한 사람들이 경험하고 싶어 하는 것을 알아내기 위해 어떤 단계를 밟을 것인가?

③ 앞으로 한 달 내에 당신 교회에서 '괜찮은' 수준의 순간을 감동과 감탄의 순간으로 바꿀 수 있는 것들에는 무엇이 있는가? 다음 분기 동안 할 수 있는 것 두세 가지를 생각해보라.

④ 당신 교회에 첫인상 사역 팀을 만들려고 할 때 당신은 어떻게 SHAPE 전략을 적용할 것인가?

⑤ 이번 주중에 당신의 비전에 대해 누구(앞으로 리더가 될 만한 사람)와 이야기를 나눌 것인가?

4
예배가 시작되기 전에 감동시키라

새가족의 눈높이에 맞게 다가가기

First Impressions

"그러므로 무엇이든지 남에게 대접을 받고자 하는 대로 너희도 남을 대접하라 이것이 율법이요 선지자니라"(마 7:12).

담임목사의 동의를 얻은 다음 시작하라

그렇다면 첫인상 사역은 어디서부터 시작해야 할까? 당신이 아직 이 사역을 공식적으로 시작하지 않은 상태라면 말이다. 이 사역은 바로 리더의 동의를 얻는 것에서부터 출발해야 한다. 만약 당신이 최고 리더의 지지 없이 시작했다면 그들을 다시 찾아가야 한다. 그러지 않으면 사역 과정에서 어려움을 겪을 가능성이 높다. 무척 중요한 단계를 건너뛰었기 때문이다.

최근에 열린 '교회 혁신 콘퍼런스'(우리 교회에서 매년 열리는 콘퍼런스이며 미국 전역에 있는 여러 교회들을 대상으로 한다. wiredchurches.com)에서 나는 우리 교회 담임목사인 마크 비슨이 "목사님들, 예배실 밖에서 일어나는 모든 일은 예배실 안에서 일어나는 일만큼이나 중요합니다"라고 말하는 것을 들었다. 교회 행정 담당 목사인 팀 스티븐스가 이렇게 덧붙였다. "첫인상 사역은 지도부가 그 사역을 얼마나 중요하게 생각하느냐에 달려 있습니다. 이 사역이 가진 사명, 비전, 가치에 대해 교회의 리더들이 합의하고 발맞춰가는 것이 무척 중요하며 이를 가장 우선시해야 합니다. 이러한 합의가 모든 것을 이끌어갑니다. 지도부의 동의는 예산, 사역자 발령, 자원, 우선순위 등 모든 것에 영향을 미칠 것입니다. 여러분은 교회의 여러 가지 사역을 바꾸기 전에 먼저 여러분의 철학부터 바꾸어야 합니다. 여러분은 이 사역이 가진 중요성에 대해 상위 리더의 동의를 얻어야 합니다."

당신은 만반의 준비를 갖추었을 것이다. 또한 당신과 뜻을 같이하는 사람들도 만반의 준비를 갖추고 있을 것이다. 그러나 당신이 교회 최고 리더의 지지를 받지 못했다면 절대로 일을 시작하지 말라.

만약 당신이 담임목사가 아니라면, 그와 따로 약속을 잡고 교회에 찾아온 사람들을 환영하는 사역에 대한 비전을 이야기하라. 이 책을 한 권 사서 담임목사에게 선물하고 이에 대해 논의할 것을 요청하라. 담임목사와 이야기할 때는 아래의 문제들에 초점을 맞춤으로써 당신이 계획한 새로운 사역의 비전을 구체적이고 분명하게 전달하라.

1. 당신은 무엇을 하려는 것인가? 당신의 교회를 어떤 말로 정의할 수 있는가? 당신의 교회가 부흥하고 있을 때 그것을 어떻게 알 수 있는가?
2. 복음을 전하기 위해 당신은 어떤 사람들에게 다가가려고 하는가?
3. 당신은 교회를 방문한 사람들이 교회에서 어떤 경험을 하길 바라는가? 그 경험들을 어떻게 예상해볼 수 있는가? 당신은 그들이 교회에서 주일을 보내고 난 뒤 월요일에 출근해서 당신 교회에 대해 어떻게 말하기를 바라는가?
4. 교회 건물과 시설의 구조는 어떠하며 이것들은 어떻게 배치되어 있는가? 주차는 몇 대까지 할 수 있는가? 방문객들이 좀 더 편리하게 교회를 드나들도록 교회 시설에 어떤 변화를 줄 수 있겠는가?

사역의 출발점은 주차장이다

당신은 위의 네 질문에서 주된 요소 둘을 보았을 것이다. 사람과 건물이다. 팀의 역할을 정하고 구성원과 리더를 세우는 일은 첫인상 사역 팀의 각 기능에 따라 결정된다(다음 장에서 이것에 대해 더 자세하게 다룰 것이다).

"여러분은 교회의 여러 가지 사역을 바꾸기 전에 먼저 여러분의 철학부터 바꾸어야 합니다."

그러나 교회 건물이라는 요소를 고려해야 할 때는 그 반대다. 이때는 반드시 건물의 구조에 따라 각 팀들의 기능을 결정해야 한다. 그러므로 당신은, 교회 시설이 당신이 계획한 사역의 기능을 제한시킬 수도 있고 강화시킬 수도 있다는 것을 인식하면서 각 팀을 조직해야 할 것이다. 당신의 교회가 건물을 소유했든지, 누군가의 건물에 세를 들었든지, 아니면 건물을 건축하고 있든지에 상관없이 당신은 그 건물이 첫인상 사역에 어떤 영향을 주는지 주의 깊게 살펴봐야 할 것이다(이것에 대해서는 5장에서 더 자세히 다룰 것이다).

종이 위에 건물과 주차장을 포함한 교회 전경을 그려보라(당신이 얼마나 그림을 잘 그렸는지 평가할 사람은 아무도 없다). 그리고 주차장과 건물에 나 있는 모든 출입구들을 표시하라. 그러면 교회에 방문한 사람들을 환영하고 도와줄 팀원들을 어느 지점에 배치해야 할지 알게 될 것이다.

차들이 가장 많이 몰리는 시간대를 살펴보라

다음 단계로 차량의 흐름을 살피라. 주차장에 차가 가장 많을 때는 언제인가? 교회 정문으로 사람들이 가장 많이 들어오는 때는 언제인가? 특별히 개선해야 할 문제점은 없는지 살펴보라. 크리스마스를 앞두고 적은 수의 직원들이 배치된 쇼핑센터에서 물건을 사본 적이 있는가? 3월 중순의 월요일 아침이라면 평소에 매장을 지키는 직원들만으로도 남아돌겠지만, 추수감사절 이후부터는 직원들을 대거 투입해야 한다!

최근 우리 동네에 '크리스피 크림 도넛' 매장이 새로 문을 열었다. 나는 그곳의 개점일이 커다란 광고판에서 카운트다운되는 것을 22일간 지켜보았다. 나는 그날을 손꼽아 기다렸다! 만약 당신이 크리스피 크림 도넛에 가본 적이 있다면, 'HOT NOW'라는 빨간 네온사인이 켜졌을 때가 도넛을 사기에 가장 적기임을 알 것이다. 그 신호는 설탕 가루를 뒤집어쓴, 갓 구워서 따뜻하고 신선한 도넛들이 침을 삼키고 있는 고객들의 입으로 들어갈 준비가 되었다는 것을 알려준다.

드디어 개점일이 되었다. 드라이브스루(drive-through, 가게로 들어가지 않고 차에서 바로 음식을 주문해서 가져가는 것—옮긴이) 줄에는 차들이 쭉 늘어서 있었다. 주차장은 고객들의 차와 방송국에서 나온 차들로 가득 찼다. 나는 손에 도넛을 든 어떤 손님이 차를 빼주는 바람에 쉽게 주차할 수 있었다. 나는 그날이 개점일이기 때문에 가게가 무척 붐빌 것이라고 생각하면서 줄을 서서 기다릴 마음의 준비를 하고 있었다. 그러나 놀랍게도 지체 없이 계산대로 걸어가서 도넛 12개를 주문한 뒤 돈을 지불하고 나올 수 있었다. 나는 그 가게에 들어간 지 2분 만에 밖으로 나왔다(정문에서 안내 직원이 준 공짜 도넛까지 손에 들고 말이다). 크리스피 크림 도넛은 손님들이 가장 붐비는 시간이 언제인지 알고 있었다.

가끔씩 나는 주일날 가장 붐비는 예배 시간대에 일부러 교회에 와본다. 교회까지 가는 동안 우리 교회가 고용한 경찰관들의 태도가 어떤지, 교통정리 팀이 차량 안내를 얼마나 잘하고 있는지, 셔틀버스 기사들이 얼마나 따뜻하게 성도들을 영접하는지 살펴보고 싶어서다. 일단 교회에 도착하면 안내 팀의 따뜻한 환영을 받는다. 그리고 다른 사람과 마찬가지로 내 딸을 주일학교에 보내기 위해 줄을 서서 절차를 밟는다. 이것은 교회가 가장 붐비는 시간에 모든 사역이 잘 운영되고 있는지 직접 확인해볼 수 있는 가장 좋은 방법이다.

이 장의 서두에서 다룬 네 가지 질문에 대한 답과 교회 그림을 당신 곁에 두라. 앞으로 우리는 그 질문들과 관련해서, 당신 교회를 방문한 사람들이 교회에 들어왔을 때부터 나갈 때까지 경험한 것들을 시각화한 뒤 자세히 살펴볼 것이다.

교통 체증을 대비하라

당신이 바꿀 수 없는 것들이 있다. 최소한 가까운 장래에는 말이다. 교회 입구로 들어오는 차량 통행량이 그 예다. 교회 주차장 입구에 신호등이 설치되어 있는 경우가 아니라면 길에 늘어서 있는 차량들을 정리하기 위해 당신이 할 수 있는 일은 별로 없을 것이다. 만약 교회를 방문한 사람들이 교회 주차장에 드나드는 것을 불편하게 여긴다면 당신은 어떻게 할 것인가?

점검해보기: 방문객들이 주차장 안으로 들어오기까지 차 안에서 마냥 기다리고 있는가? 그들의 차량이 안전하고 신속하게 주차장으로 들어오지 못하거나 혹은 빠져나가지 못하는가? 만약 교회 내의 여러 예배실에서 동시에 예배를 드린다면, 예배를 마치고 돌아가는 사람들과 예배를 드리러 오는 사람들이 뒤엉켜 차량 정체가 발생할 것이다.

교회를 처음 방문한 사람들의 가치관은 신실한 신자들과 같지 않다. 그들은 예수님에 대해 성경이 주장하는 바를 여전히 조심스럽게 살펴보는 입장이다. 그들은 신앙의 필요성이나 영적인 갈망을 간절히 느끼지 못하며 예배를 꼭 드려야 한다는 책임감도 없다. 그들이 교회에서 부담이나 번거로움을 느끼지 않고, 오히려 아주 특별한 경험을 하게 해주는 것은 당신의 몫이다. 그렇게 하지 않으면 교회 주차장으로 들어가기 위해 기다리는 5분이나 교회를 나서기 위해 기다려야 하는 20분이 다시는 교회에 오고 싶지 않게 만드는 장애물이 될 수도 있다.

그레인저 교회의 모델: 그리 오래되지는 않았지만 위에서 말한 것과 똑같은 상황을 우리 교회도 겪었다. 교회를 처음 방문한 사람들이 타고 있는 15대 정도의 차량이 주차장으로 진입하기 위해 줄지어 서 있었다. 최근 이 지역에 상점들이 들어서고 상권이 형성되면서 교회 앞길이 주도로가 되었기 때문이다. 예배가 끝나고 차량들이 빠져나갈 때도 상황은 마찬가지였다. 북쪽으로 주차장 출입구를 새로 냈지만 상황은 마찬가지였다.

마침내 우리는 주일날 비번인 경찰들을 고용해서 주일 아침 가장 번잡한 시간에 교회를 찾는 방문객들을 돕기로 결정했다. 이로써 우리 사역 팀과 교회는 불필요한 의무로부터 자유롭게 되었고 차량들도 주차장 출입구를 순조로이 오가게 되었다. 무엇보다 사람들에게 우리 교회가 방문객들을 무척 소중히 여긴다는 사실을 느끼게 해줄 수 있었다.

우리는 몇 달마다 경찰과 원활하게 협력하고 있는지를 돌아보고 있다. 그들이 우리를 적절한 시간에 도울 수 있도록 시간대를 잘 배분하고 있는지, 우리 교회 주차 팀이 경찰과 조화를 이루며 사역하고 있는지 관심을 가지고 정기적으로 점검한다.

주차를 마칠 때까지 눈을 떼지 말라

몇 년 전까지만 해도 우리 동네 백화점의 주차장은 나쁜 주차장의 모델을 단적으로 보여주는 곳이었다. 주차장 입구가 이 지역에서 가장 복잡한 거리 쪽으로 나 있었고, 주도로에서 백화점 주차장으로 연결되는 도로는 차 한 대가 겨우 들어갈 정도로 좁았다. 차량이 많은 주도로를 빠져나와 백화점 주차장으로 들어가는 차들은 절대로 이동 중에 정지해서는 안 된다. 그런데도 어떤 차들은 항상 느닷없이 정차한다! 만약 당신이 백화점 입구로 들어서는 중이라면, 절대로 한눈을 팔아서는 안 된다. 멈춰 선 앞차 때문에 급정거를 하다가 뒤따라오는 차량에 부딪힐 가능성이 많기 때문이다. 이처럼 주차장에 밀려드는 차량으로 복잡하고 엉망진창인 도로 상황 때문에 쇼핑을 하러 오는 많은 사람이 거의 매일 화를 냈다. 그 주차장은 정말 문제가 많았다. 그러나 지금은 큰 건설업체의 투자를 받아, 백화점으로 들어가는 차량들을 매장의 더 깊숙한 곳까지 적절하게 안내하도록 개선함으로써 사람들의 불안과 사고의 위험과 불안감을 없앴다.

점검해보기: 당신 교회를 방문한 사람들은 교회 주차장으로 들어서면서 어떤 경험을 하는가? 주차장은 이용하기에 편리한가? 차를 쉽게 뺄 수 있을 만큼 넓은 공간이 확보되어 있는가? 교회의 직분자들과 성도들이 교회 건물에서 멀리 떨어진 곳에 주차함으로써 방문객들이 건물과 가장 가까운 출입구 쪽에 주차할 수 있도록 배려하는가? 교통정리 봉사자들이 차량을 안내하면 차량의 흐름과 주차가 좀 더 원활해지는가?

나는 교회 건물 가까이에 주차 공간을 확보하기 위해서 사전 단계를 밟고 있는 어느 교회를 방문한 적이 있다. 그 교회는 출입구에서 가장 가까운 주차 공간을 '목회자용'으로 정해두지 않고 대신 그곳에 '방문객용'이라는 표지판을 세워두었다. 그렇게 하는 것이 마땅하다! 나는 속으로 주차 공간이 얼마나 되는지 세어보았다. 다섯 대의 차량을 주차할 수 있었다. 나는 그 교회가 매 예배 때마다 교회를 방문할 사람들이 다섯 명(혹은 가족)밖에 안 될 거라고 예상하는 게 좀 의아했다. 어쨌거나 그 교회는 일단 방문객 중심으로 사역의 방향을 잡고 있었다.

최근에 나는 평균 200여 명이 출석하는 교회에 방문한 적이 있다. 첫눈에 보기에도 그 교회의 주차장에는 많은 사람이 봉사할 필요가 없어 보였다. 그러나 차가 많이 몰리는 때에는 한두 명만이라도 나와서 주차할 수 있는 공간을 알려주면 좋겠다는 생각이 들었다. 이런 간단한 변화만으로 방문객들의 교회에 대한 첫인상이 얼마나 좋아지겠는가?

그레인저 교회의 모델: 앞에서 언급했던 바와 같이 우리는 교회 방문객들이 주차 공간을 신속히 찾을 수 있도록 훈련받은 교통 정리 팀이 도와준다. 그들은 최근 몇 달 동안에 차량이 부쩍 늘어난 시간대에 봉사를 하고 있다. 교통정리 팀은 원래 주일 아침에만 섬겼다. 그러나 토요일 저녁 예배의 규모가 커지면서 토요일에도 그들의 도움이 필요하게 되었다. 그들은 형광 조끼, 손전등, 지팡이, 무전기 등 교통정리에 필요한 기본 도구들을 착용하고 이 일을 섬긴다.

다른 감동 모델들: 얼마 전 새들백 교회에 방문했을 때 나는 주차 봉사자들을 보면서 아주 깊은 인상을 받았다. 친구들과 내가 새들백 교회의 주차장 가까이에 왔을 때 이미 주차되어 있는 다른 차들 왼쪽에 '방문객용'이라고 표시된 주차 공간이 있었다. 주차 봉사자는 우리에게 그곳에 주차를 하라고 손짓했다. 형광 조끼를 입고 반짝거리는 지팡이를 든 교통정리 봉사자들이 우리를 빈 공간으로 안내했고, 차 문을 열어주면서 반갑게 맞이했다. 교회 건물 쪽으로 가는 도중에도 우리는 몇 번이나 더 환영을 받았다. 나는 그 교회의 사역 팀이 적극적으로 방문객들을 환영하는 것을 보면서 커다란 감동을 느꼈다. 그러나 모든 방문객들이 그처럼 특별한 주차 서비스를 통해 주목받기를 원하는 것은 아니라는 사실을 기억해야 한다. 그들이 방문객 주차구역만 이용하도록 강요해서는 안 된다.

최근에 나는 예배 시간 동안 방문객 차량의 창문을 닦아주는 교회에도 가보았다. 어떤 교회는 방문객들이 원하는 경우 주차를 대신 해주기도 한다.

적용하기: 교회를 방문한 사람들이 어떻게 교회 건물에 들어서기도 전에 감동받도록 할 수 있을까? 이 질문에 대한 답은 당신의 교회 공동체와 사역 문화에 달려 있다.

그레인저 교회에서는 주차장에서부터 방문객들을 맞이하거나 자동차 문을 열어주는 행동까지는 하지 않는다(교회로 들어오는 길 입구에서 노인들이 차에서 내리는 것을 돕거나 또는 편부모 아이들이 차에서 내리는 것을 돕는 경우는 예외다). 그것은 우리 교회의 문화와 잘 맞지 않는다. 우리는 아직 방문객 차량의 창문을 닦아주지 않는다. 감동적인 경험을 제공하기 위해 창문을 닦아주다가 자칫하면 예배 시간 중에 도난 경보기가 울리는 상황이 벌어질지도 모르기 때문이다. 또 주차를 대신 해주다가 생길 수 있는 책임 소재 문제도 감당할 수가 없다.

그러나 당신은 그레인저 교회의 교인이 아니다. 방문객들이 교회 건물로 들어서기도 전에, 주차장에서부터 "와!"라는 탄성을 내뱉게 할 방법을 찾아보라. 얼마든지 다양한 방법을 찾을 수 있다. 물론 상황에 따라 별다른 방법이 없을 수도 있다.

걷는 거리를 최대한 단축시키라

당신이 날씨를 어떻게 할 수는 없다. 그러나 교회를 방문한 사람들이 교회에서 하게 될 경험에는 영향을 줄 수 있다. 자연현상에 어떻게 대처하느냐에 따라 교회 방문객들이 느끼는 첫인상이 크게 달라질 수 있다.

점검해보기: 누가 주차장에 쌓인 눈을 치울 것인가? 주차장 한쪽 구석의 얼음 때문에 교회 방문객들이 미끄러져서 다칠 위험은 없는가? 비 오는 날, 방문객들이 차에서 내린 다음 교회 건물까지 옷이 젖지 않은 채로 가게 해줄 수 있는 방법은 무엇인가? 편부모의 어린 자녀들이 차에서 내릴 때 도움을 줄 사람이 있는가? 노인들이 교회 주차장까지 가지 않고 도중에 내렸을 때 그들을 부축하고 도와줄 사람은 있는가? 교회 방문객들로부터 긍정적인 평가를 얻고 그들을 통해 입소문이 나도록 노력하고 있는가? 차를 주차시킨 순간부터 "와!"라는 감탄이 나오게 하려면 어떤 일들을 해야 할까?

그레인저 교회의 모델: 차들이 교회로 들어오는 지점에 환영 팀의 봉사자를 적어도 한 사람 이상 배치한다. 이들은 방문객들에게 미소를 보내거나 따뜻한 환영 인사를 한다. 이 환영 팀들은 주차장까지 가지 않고 그곳에서 내리는 사람들을 위해 문을 열어준다. 우리 교회에는 날씨가 좋든 나쁘든 차들이 교회로 들어오는 지점에 서서 사람들을 영접하겠노라고 적극적으로 자원하는 사람들이 있다! 이런 일에는 비용이 전혀 들지 않지만 교회 방문객에게 큰 감동을 안겨줄 수 있다.

그 외에도 환영 팀은 비 오는 날에 사람들이 교회 건물까지 들어오는 동안 우산을 받쳐준다. 이 일도 비용이 적게 들지만 그 효과는 놀라울 정도다!

다른 감동 모델들: 어느 여름 방학 때 나는 가족과 애틀랜타에 있는 해산물 전문 레스토랑에서 저녁 식사를 했다. 이슬비가 조금씩 오고 있었는데 그 레스토랑에서는 우리가 비를 맞지 않도록 주차장부터 레스토랑 입구까지 기다란 천막을 설치해주었다. 나는 고마운 마음이 들었다. 이것이 바로 비용은 적게 들면서 고객들을 감동시킬 수 있는 또 하나의 방법이다. 우리는 비에 젖지 않고, 편안한 마음으로, 레스토랑의 마음 씀씀이에 만족하면서 저녁 식사 장소로 이동했다.

적용하기: 나는 당신이 간단하면서도 유용한 방법을 선택하도록 권하고 싶다. 교회의 재정이 넉넉하지 않다면 굳이 돈이 드는 방법을 선택할 필요가 없다. 교회 성도들이 가지고 있는 미니 승합차나 SUV 등의 차량을 잠시 동안 사용해서 방문객들을 교회까지 데려올 수도 있다. 차량이 교회로 들어오는 지점에 사람을 배치해서 편부모의 어린 자녀가 차에서 내리는 것을 도와주도록 하는 것도 좋은 방법이다.

당신은 교회 방문객들에게 교회가 어떤 노력을 하고 있는지를 뚜렷이 인식시켜주어야 한다. 만약 비 오는 날 우산을 사용한다면, 그 우산이 교회용이라는 것을 분명하게 알 수 있도록 우산에 교회 이름이나 로고를 새겨 넣을 수 있다. 골프 카트를 구입해서 방문객들을 주차장에서부터 교회 건물까지 데려다줄 수도 있다. 교회 문에서 주차장까지 긴 천막을 설치하는 것은 어떤가? 방문객들이 교회 건물 안으로 들어오기도 전에 감동을 받게 하려면 어떤 것부터 해야겠는가?

모든 출입구에 안내자를 배치하라

백화점 의류 소매점에서 일했을 때 나는 다른 동료들처럼 백화점 뒷문으로 출입했다. 가족들과 나는 지금도 뒷문을 사용한다. 그 이유는 그 문이 백화점 출입구 사이에 나 있어서 주차장과 훨씬 가깝기 때문이다. 우리는 대형 마트를 이용할 때도 번잡하지 않은 옆문을 자주 이용한다.

점검해보기: 당신 교회에는 정문 외에도 사람들이 드나들 수 있는 출입구가 있는가? 그런 문들은 누가 주로 사용하는가? 교회 사역자들과 간사들, 평신도 리더들에 한해서만 그런 문들을 사용할 수 있도록 정한 것은 아닌가? 아니면 방문객들도 그런 문들을 통해서 교회로 들어올 수 있는가?

그레인저 교회의 모델: 교회를 확장하면서 우리는 출입구를 몇 개 더 늘렸다. 지금도 대부분의 사람들이 정문을 이용하지만 새로운 주차장과 연결된 출입구를 사용하는 사람들이 점점 늘고 있다. 교회 방문객들이 그 문으로 들어올 때도 우리는 정문을 사용하는 사람들에게 하는 것과 마찬가지로 그들을 따뜻하게 맞이하고 싶었다. 그래서 그곳에도 안내자들을 배치했다. 모든 출입구에 사람들을 배치해서 그곳을 드나드는 이들에게 "어서오세요!"라고 인사하며 환영해주도록 한다. 그들의 역할은 방문객들을 위해 문을 열어주며 반갑게 맞이하는 것이다.

방문객들이 문을 열고 들어왔을 때 자신과 처지가 비슷한 사람들을 발견한다면 '저 사람들도 나랑 똑같네. 이 교회는 나한테도 잘 맞을 것 같아'라고 생각하게 될 것이다. 이는 우리의 바람이기도 하다. 우리는 사람들이 교회를 낯설게 느끼지 않도록 할 수 있는 모든 노력을 기울인다. 만약 환영하고 안내하는 사람들이 전부 이십 대라면 오십 대 부부는 거리감을 느낄 것이다. 또는 육십 대들만 교회에서 봉사하고 있다면 이십 대들은 거리감을 느낄 것이다. 따라서 우리는 주일 예배 참석자들의 나이와 성별을 고려해 첫인상 사역 팀을 구성하고 각 팀별로 사람들을 적절하게 배치했다.

다른 감동 모델들: 의류 매장처럼 다양한 변화를 시도하는 곳이든 월마트처럼 큰 상점이든, 또는 골목의 작은 상점이든 모두 정문에서 손님을 맞이한다. 수많은 레스토랑도 정문에서 단골손님들을 맞이하며 때로는 문 앞에서 기다리는 동안 저녁 파티에 대한 정보를 주기도 한다.

레스토랑 겸 놀이공원인 '데이브 앤 버스터즈'에서는 각 출입문에 서 있는 안내원들이 출입문을 통과하는 손님들에게 감사와 환영의 말을 해준다. 아내는 그 모습을 보고 깊은 인상을 받았다. 내가 아내에게 최근에 받은 첫인상 중 가장 기억에 남는 것이 무엇이냐고 물었을 때, 아내는 데이브 앤 버스터즈에서 저녁을 먹었을 때라고 대답했다. 직원들은 까만 양복과 넥타이로 깔끔하게 차려입었으며, 문을 열어주는 안내원들은 단정하고 격식 있는 옷차림과 진심 어린 태도로 손님들을 맞이했다. 그들은 손님들을 한 사람 한 사람 개별적으로 배려하는 것 같았다. 내부에서 일하는 직원들도 공손한 자세로 손님들의 시중을 들기 위해 대기하고 있었다.

적용하기: 당신은 교회 방문객들을 환영할 때, 그들에게 자신이 아주 특별한 대접을 받는다는 느낌을 주기 위해 무엇을 할 것인가? 교회 문을 열고 들어갔을 때, 그들은 그리스도의 사랑에 대해 듣게 될 것이다. 그들은 삶을 변화시키는 새로운 관계로 초청받게 될 것이다. '본향 집'으로 돌아오라고 부르시는 하나님과 깊은 관계를 맺게 될 것이다. 그들이 교회 문을 들어설 때 당신은 어떻게 환영의 자리를 마련해줄 것인가?

악수, 할 것인가 말 것인가

나는 교회 방문객들을 맞이하는 방법에 있어서 극과 극을 이루는 두 가지 모습을 보았다. 이 두 극단은 미국의 대형 교회인 윌로크릭 교회와 새들백 교회에서 볼 수 있었다.

일리노이 주 사우스 배링턴의 윌로크릭 커뮤니티 교회는 주말에 사람들을 맞이할 때도 자신들에게 걸맞은 사역 철학을 선보였다. 윌로크릭 교회는 신앙이 없는 사람들이 예수님과 그분의 가르침을 자신들의 수준에 맞게 알아갈 수 있도록 기회를 제공하려 했다. 그들은 강압적이거나 독단적으로, 또는 독선적으로 사람들에게 접근하는 것을 원치 않았다. 그래서 그들은 안전하게 '확인하는'(Check it out) 문화를 만들어나갔다.

그 당시, 윌로크릭 교회를 방문한 사람들은 마치 집 주변의 쇼핑센터에 들어가는 것과 같은 느낌을 받았다. 안내인은 없었다. 일단 교회로 들어가면, 자신이 서 있는 곳 주변이나 정보 센터 창구 뒤에 도움을 줄 사람이 서 있었다. 그러나 누구도 방문객에게 악수를 청하지는 않았다.

윌로크릭 교회는 방문객을 맞이하는 일에서 어떠한 실수도 하지 않았고, 모든 일을 계획대로 진행했다. 교회 방문객들에게는 개인적인 공간이 제공되었고, 원한다면 얼마든지 도움을 받을 수도 있었다. 다만 윌로크릭 교회는 눈과 눈을 마주치며 악수를 하는 방식으로 접근하지는 않았을 뿐이다. 이런 배려들은 방문객들에게 편안함과 안정감을 주었다.

동시에 이 나라의 반대편, 캘리포니아 주 레이크 포레스트에 있는 새들백 교회는 만나는 사람 모두에게 "가족의 품으로 오신 것을 환영합니다!"(Welcome home to your family!)라고 외쳤다. 그들은 손을 꽉 잡고 열정적으로 어깨를 토닥이며 방문객을 환영했다. 새들백의 철학은, 가능한 한 빨리 모든 사람을 끌어들이고, 등록시키고, 포용하는 것이었다. 그들은 모든 손님을 환영할 뿐 아니라, 그들에게 마치 자기 집에 온 것 같은 느낌을 주길 원했다.

최근 윌로크릭 교회의 철학에 변화가 생겼다. 비록 방문객들은 새들백 교회에서나 경험할 수 있을 만큼 분에 넘치는 포옹을 원하지는 않지만, 윌로크릭 교회는 의도적으로 방문객들에게 인사를 건네고 인격적 관계를 가지려 한다. 이런 변화는 그들이 처한 문화가 달라졌기 때문에 생겨난 것이다. 대부분의 경우, 사람들은 다른 사람들이 자기를 알아주길 원한다. 교회에서도, 도움이 필요하면 즉시 표현하는 사람들이 나타나고 있다. 그들은 다른 사람에게 관심을 갖는 것이 교회 생활의 일부라고 기대하며, 그렇게 믿고 있다.

그레인저 교회는 방문객들과 그들이 기대하는 것이 무엇인지 알기 위해 많은 노력을 기울였다. 우리는 설문 조사와 조언을 통해서 사람들이 교회에 왔을 때 편안함과 안정감을 주는 사람, 즉 진실한 사람과 관계를 맺길 원한다는 것을 알게 되었다. 우리는 거기에 담긴 여러 의미를 생각해보았다. 그들은 악수를 원하고 있을까? 조금이라도 스킨십을 원하는 것일까?

우리는 그들이 원하는 것이 무엇인지를 그들 편에서 알려주는 것이 좋겠다고 생각했다! 그렇다고 해서 우리가 사람들에게 "악수해도 될까요?"라고 물어보지는 않는다. 만약 우리가 그렇게 했다면 사람들은 손을 주머니 깊이 찔러 넣고는 뒤로 돌아서 나가버렸을 것이다! 그렇게 하는 대신 우리는 사람들이 어떤 식으로 환영받기를 원하는지 몸짓으로 파악했다.

그들이 손을 주머니 안에 넣고 있는가? 시선을 다른 데로 두면서 마주치기를 피하는가? 발걸음을 재촉하고 있는가? 이런 경우에는 악수를 청하지 않는 것이 맞다. 이러한 몸짓들은 악수를 하고 싶지 않다는 속마음을 나타낸다. 우리는 그들의 뜻을 다른 어떤 것보다도 존중하고 싶다.

우리는 방문객들이 교회에서 따뜻하게 환영받고, 편안함과 안정감을 느끼며, 다음에는 어떤 것이 준비되어 있는지 열린 마음

> 우리는 교회 방문객들이 교회에서 따뜻하게 환영받고, 편안함과 안정감을 느끼며, 다음에는 어떤 것이 준비되어 있는지 열린 마음으로 기대하게 만들기 위해 노력한다.

으로 기대하게 만들기 위해 노력한다. 우리는 그들을 친근하게 대하며 세심하게 배려한다. 또한 그들을 존중하며 각 사람에게 인격적으로 다가가는 모습을 보여주려고 노력한다.

각 사람과 상황에 맞게 대처한다는 것은 쉬운 일이 아니다. 몇 년 전부터 우리는 토요일 저녁 2부 예배를 드리기 시작했다. 우리는 늦은 시간대인 오후 7시 30분에 시작하는 예배를 좀 더 젊은 청중들(그리고 나처럼 자기 나이보다 더 젊어 보이길 원하는 사람들)에게 초점을 맞춰 진행했다. 몇 주가 지났을 때 우리는 젊은 청중들 사이에서 일반적인 기대와는 완전히 다른 상호작용이 일어나고 있음을 알게 되었다.

우리는 모든 방문객 사역 팀에게 격식을 약간 떨어뜨릴 것을 요구했다. 악수도 하지 않고, 자동차 문도 열어주지 않고, 굳이 바깥에 서서 맞이하지도 않았다. 음료를 손에 들고 마시면서 저들을 맞이해도 괜찮은 분위기를 만들었다. 이는 교회의 따뜻한 분위기를 해치지 않으면서도 편안한 태도로 방문객들을 맞이하기 위해 실행했던 방법이다.

교회의 환영 팀들이 교회 방문객들과 악수를 하느냐 하지 않느냐는 당신이 결정할 일이다. 하지만 임의로 결정해서는 안 된다. 교회의 사명, 문화, 공동체의 특성, 방문객들의 반응을 고려해서 결정해야 할 것이다. 방문객들이 월요일에 출근해서 당신 교회에 대해 어떤 말을 할 것인지, 그들이 어떤 말을 하길 바라는지 깊이 생각해본 뒤 결정하라.

표지판보다 사람을 더 많이 배치하라

윌로크릭 교회에서 주최한 콘퍼런스에 처음으로 참석한 뒤, 나는 그 교회가 콘퍼런스 참석자들에게 얼마나 세심한 관심을 보이며 배려해주었는지에 대해 몇 주 동안이나 거듭해서 이야기했다. 콘퍼런스 장소에는 그 교회의 환영 팀들이 일제히 나와 있었다. 마치 서른 걸음마다 하인들이 배치되어 있어서 "무엇을 도와드릴까요?"라고 물어보는 것 같았다.

비록 적절한 곳에 표지판과 안내문이 있긴 했지만 자원봉사자들도 가까운 계단마다, 문마다, 출입 통로마다 배치되어 사람들의 질문에 답하며 도움을 주었다. 쉬는 시간도 무난하게 잘 진행되었고, 식사도 원활하게 이루어졌으며, 정보도 잘 전달되었다. 자원봉사자들은 교회 건물 곳곳에 배치되어 있었고 어떤 질문에든지 친절하게 답변해주었다.

물론 표지판도 필요하다. 그러나 표지판이 사람을 대신할 수는 없다. 표지판은 모든 사람이 알아야 할 최소한의 정보만 알려줄 뿐이며 표지판 근처에 있는 사람들만 그 표지판을 볼 수 있다. 만약 방문객들이 교회 건물 위층에 있는데 그들이 가야 할 방은 아래층에 있다면 표지판이 있다고 한들 아무런 도움이 되지 않을 것이다. 그러나 만약 환영 팀들이 적재적소에 배치되어 있다면 표지판이 있건 없건 방문객들이 가고자 하는 장소로 정

● 물론 표지판도 필요하다. 그러나 표지판이 사람을 대신할 수는 없다.

확하게 찾아갈 수 있다. 표지판과 안내문을 적절한 곳에 설치하라. 그러나 사람들을 더 많이 배치하라. (표지판에 대한 더 자세한 설명은 8장을 참조하라.)

방문객들과 안내자들의 비율을 잘 맞추는 것도 중요하다. 그레인저 교회에서는 교회 방문객 60명 당 사역 팀 한 명이 필요하다고 여긴다(자원봉사자들이 아주 많이 필요한 주일학교는 여기에 포함시키지 않았다). 당신이 교회에서 만들어가려고 하는 문화가 어떤 것인지 잘 생각하고 당신의 사명에 진심을 다하는 마음으로 이 비율을 정하라.

헌금을 걷을 때도 방문객들의 마음을 살피라

어렸을 때 나는 작은 시골 교회에 다녔다. 그때는 예배 안내자가 헌금 걷는 일만 하는 줄 알았다. 당시 우리 교회에는 네 명의 예배 안내자들이 있었는데 두 사람은 예배실의 양쪽 끝 통로에 서 있었고 나머지 두 사람은 가운데 통로에 서 있었다. 내 눈에는 안내자가 하는 일이 무척 재미있을 것 같아 보였다. 때때로 나는 그들을 보며 속으로 이렇게 생각했다. '아저씨, 까치발을 해야 헌금 바구니가 어디까지 왔나 보이죠. 한 번 돌린 줄에 또 돌리면 어쩌려고요.' 그런데 실제로 그들이 헌금 바구니를 같은 줄에 두 번 돌린 적이 있었다. 헌금 바구니를 놓친 성도들을 위해서 설교자가 예배 안내자들에게 헌금을 한 번 더 걷도록 한 것이다.

그때 나는 예배 안내자들의 역할이 단지 헌금 바구니를 돌리는 것뿐만이 아님을 배우게 되었다. 그들은 사람들이 예배실에서 긍정적인 경험을 하도록 배려하고 섬겨야 한다.

우리 교회에 온 방문객들이 예배실 앞에 도착하면 안내자들이 교회 프로그램 안내문을 건네주면서 그들을 맞이한다. 이 일은 첫인상 사역에서 가장 쉽고 또 재미있는 일 중 하나다. 외향적이지는 않지만 기본적으로 사람들과 관계 맺는 것을 좋아하는 성향의 사람들에게 적합하다. 그들은 절대로 소극적인 사람들이 아니다. 하지만 전화를 받고 질문에 답변해주거나 특별한 관심이 필요한 사람들에게 다가가서 말을 걸 수 있는 사람들은 아닐지도 모른다. 그들은 예배실 앞에서 미소를 띠고 주보와 안내문을 건네주면서 자기의 역할을 자신 있게 해낼 수 있다.

예배실 안에서는 각 통로마다 서 있는 안내자들이 교회 방문객들을 자리로 안내한다. 가족들이나 친구들은 일반적으로 같은 줄에 함께 앉고 싶어 한다. 그래서 방문객들이 예배 시간보다 좀 일찍 교회에 도착한 경우에는 이미 좌석에 앉아 있는 기존 성도들을 앞자리로 안내하고, 그 자리에 방문객의 가족들이 함께 앉을 수 있도록 배려해준다. 그리고 일단 예배가 시작된 후에도 예배 안내 팀들은 통로에 서 있기 때문에 어떤 자리가 비어 있는지 쉽게 알 수 있다.

많은 교회에서 안내 팀이 헌금을 걷는 일도 담당한다. 헌금을 걷는 방식은 당신이 옳다고 믿는 대로 해도 괜찮다. 다만 그레인저 교회에서는 헌금을 걷을 때도 교회 방문객들의 마음을 세심하게 고려하고자 애쓴다는 것을 강조하고 싶다.

첫째, 강단에서 헌금 광고를 하는 사회자는 다음과 같이 말한다. "지금은 헌금을 걷는 시간입니다. 많은 분이 하나님의 사랑으로 삶의 변화를 체험했기에 감사하는 마음으로 매주 풍성하게 헌금을 하고 있습니다. 여러분은 우리 교회가 지역 사회와 전 세계를 대상으로 하는 일과 우리 교회의 가치를 이해하고 지지하는 분들입니다. 그래서 헌금을 한다고 생각합니다. 저는 하나님께 감사와 영광을 돌려드리며, 헌금에 동참하도록 여러분을 초청합니다."

사회자는 자주 이런 말을 덧붙인다. "혹시 아직 마음의 준비가 되지 않은 분들이 있다면, 그런 분은 헌금을 하지 않아도 좋습니다. 대신 예수님의 복음을 들으시길 바랍니다. 우리는 그분들이 오늘 이 자리에 함께해주신 것에 대해 아주 영광스럽게 생각합니다. 그런 분들은 헌금 바구니가 지나갈 때 헌금 대신 환영 카드를 넣으시면 됩니다. 그렇게 하는 것도 원하지 않는 분들은 안내자들이 헌금을 걷을 때 찬송을 들으시면서 편안한 마음으로 앉아계시면 됩니다."

이렇게 말하는 것은 교회 방문객들의 마음을 편안하게 해주면서 기존 성도들에게도 교회에 새로 나온 사람들이 있다는 사실을 알려주기 위함이다. 만약 당신이 지금까지 이런 내용을 이야기하지 않았다면, 이제부터라도 하는 것이 좋다. 이렇게 말함으로써 교회에 새로운 사람들이 오기를 바라는 그리고 기존 성도들이 교회를 통해 그리스도의 일을 하길 바라는 당신의 마음을 전할 수 있다.

그레인저 교회에서는 안내자들이 헌금 바구니를 돌릴 때, 각 줄의 끝에 앉은 사람들에게 바구니를 건네준 후 곧바로 물러선다. 안내자가 사람들이 헌금하는 모습을 지켜보고 있다는 느낌을 주지 않으려는 것이다. 안내자들이 헌금 바구니를 잘 살펴야 하는 것은 사실이지만, 그래도 우리는 안내자들이 거기 서서 사람들이 헌금을 내는지 안 내는지 감시하고 있는 것처럼 보이면 안 된다고 생각한다.

어린아이들을 배려하라

안내 팀에 속한 팀원들이 주일 예배를 위해 봉사하는 것이 얼마나 중요한지를 깨닫게 되면 더 어려운 일도 자원해서 섬기려고 할 것이다. 예배 중간에 아기들이 울 때 당신은 방문객들에게 또 다른 감동을 선사할 수 있다. 아기의 울음소리가 예배를 방해하지 않게 하려면 예배 안내 팀이 잘 대처해야 한다.

교회 방문객들에게 많은 비중을 두는 우리는 가족 단위로 예배에 오는 사람들을 무척 중요하게 여긴다. 그러나 어린 아기들이 예배를 방해하는 경우가 많다. 예배 중에 아기가 울거나 떠들 때 예배 안내자들에게 주어진 책임은 무엇인가?

그레인저 교회는 가족들을 사랑하고 어린아이들을 사랑한다. 그렇기 때문에 우리는 주일학교를 거의 예술 수준으로 꾸미고 준비한다. 성인 예배가 진행되는 동안, 주일학교는 어린이들에게 각 연령대별로 영상, 게임, 음악, 드라마, 조명, 놀이 등을 통해 예수님의 이야기를 들려준다. 이렇게 함으로써 우리는 가족 전체를 섬긴다.

그런 이유로 첫인상 사역 팀들은 교회를 찾아온 가족들 중에서 주일학교의 도움이 필요한 이들을 분별해내도록 훈련을 받고 있다. 이것은 시설 안내 팀의 주요 역할 중 하나다. 우리는 절대로 가족들에게 예배실에 어린 자녀를 데리고 들어가서는 안 된다고 말하지 않는다. 대신 그들을 주일학교로 안내해서 어린이 부서를 둘러보도록 한 다음 자녀들을 같은 연령대의 아이들과 어울리도록 하는 것이 어떻겠냐고 물어본다. 만약 그래도 그들이 자녀와 함께 성인 예배실로 들어가기를 원한다면 우리는 그들을 통로 가장자리 쪽으로 안내한다. 이것은 아이들이 예배에 집중하지 않을 때 안내자들이 부모에게 접근하기 쉽도록 사전에 조치를 취하는 것이다. 일단 부모와 안내자 사이에 친밀감이 형성되고 첫인상 사역 팀이 그들에게 좋은 경험을 선사하고자 애쓴다는 것을 이해시키고 나면, 아이들로 인해 부모와 안내자들 간에 생겨날 수 있는 긴장감은 해소될 것이다. 그런 식으로 좋은 관계가 형성되면 부모들은 안내자들이 자기들에게 도움을 주고자 주일학교 교실로 안내했다는 사실을 깨닫게 될 것이다. 안내는 사람들이 예배실 안에서 편안한 느낌을 갖게 해주는 것이기 때문에 환대의 연장선이라고 볼 수 있다.

이렇게 세부적인 것들까지 배려할 때 교회는 매우 다양한 열매를 맺을 수 있다. 당신이 바라는 교회 환경이 어떤 것인지 그리고 현재의 환경은 어떤지 깊이 생각해 보라. 방문객이 교회에서 경험하는 모든 것에서 감탄할 수 있게 하려면 당신은 어떤 요소들을 감독하고, 어떤 요소들을 선택하며, 어떤 요소들을 추가하고, 어떤 요소들을 제거해야 하는가?

안내는 사람들이 예배실 안에서 편안한 느낌을 갖게 해주는 것이기 때문에 환대의 연장선이라고 볼 수 있다.

한 걸음 더 나아가기

1 당신 교회의 최고 리더가 새가족 사역에 헌신하고 있는지 잘 살펴보라. 그가 좀 더 헌신해야 한다고 판단될 때 당신이 할 수 있는 일은 무엇인가? 만약 최고 리더가 이미 많은 헌신을 하고 있다면, 그를 격려하기 위해 당신이 할 수 있는 일은 무엇인가?

2 앞에서 다룬 '적용하기'의 내용들을 잘 읽어보고 당신 교회의 환경에 맞는 실제적인 행동 단계들을 적어보라.

3 이 기회들에 우선순위를 두라. 당신은 가장 먼저 어느 것부터 시작해보겠는가?

5
철저한 준비가 감동을 만들어낸다

사역의 우선순위와 소통 방식 점검하기

First Impressions

"사람들이 행동할 수 있도록 정보를 주라.
그리고 마술이 펼쳐지는 것을 지켜보라."[1]

방문객의 질문에 머뭇거려서는 안 된다

당신 교회의 첫인상 사역 팀이 충분한 지식을 갖추고 있다면 그들에게 권한도 부여해주라. 팀원이 2명이든 200명이든, 그들에게 정보를 잘 전달해야 하는 것은 당연지사다. 그들이 주어진 역할들을 잘 해내기 위해서는 지식과 함께 권한이 부여되어야 한다. 이는 내가 특히 강조하고 싶은 말이다.

나는 백화점의 의류 매장에서 몇 년 동안 일하면서 정보 전달의 놀라운 힘을 알게 되었다. 얼마 전에는 시카고 근처의 한 옷가게에서 잠깐 동안 일을 도와줄 기회가 있었는데, 그때의 경험을 계기로 나는 정보의 부족이 얼마나 치명적인 결과를 낳는지 다시 한 번 체감했다. 당시 나는 그레인저 교회의 사역자였고 의류 판매를 그만둔 지는 3년이 지난 상태였다. 그런데 그 가게에 갔을 때 여성 및 아동 의류 회사에서 일하는 친구를 만났다. 때마침 한가한 참이었고, 나는 천성적으로 사람들을 잘 돕는다. 그래서 그곳에 갈 때마다 "뭐 도와줄 일 없어?" 하고 물었다. 나는 그 가게의 매니저인 스티브를 도와서 방금 도착한 허리띠 상자들을 쌓아 올렸다. 잠시 후 한 손님이 가게로 들어왔다. 스티브는 나를 보고 씩 웃으면서 "어디 실력 한번 보여줘!"라고 말하고는 다른 곳으로 가버렸다.

나는 다가가서 손님을 맞이했다. 그리고 손님의 질문에 친절히 답해주면서 제법 능숙한 자세로 옷을 팔았다. 마음이 뿌듯했다! 얼마 뒤 또 한 손님이 가게로 들어왔다. 스티브는 다른 사람과 대화를 나누고 있었기 때문에 내가 그 손님을 맞이했다. 나는 속으로 내가 또 한 번 물건을 팔 수 있을 것이라고 자신했다.

"부르고뉴 구두 좀 보여주세요."

나는 부르고뉴 구두가 전시되어 있어야 할 곳을 쳐다보았다. 그런데 거기에는 그 구두가 없었다.

"스티브…." 나는 머뭇거렸다. 그때 스티브는 씩 웃으면서 나에게 카탈로그 한 부를 내밀었다. 나는 카탈로그를 살펴보았지만 부르고뉴 구두는 어디에도 보이지 않았다. 그러자 그 신사는 스웨이드 가죽 재킷이 있냐고 물어보았다. 나는 재킷이 있을 만한 곳을 쳐다보고 카탈로그도 들춰보았다. 하지만 스웨이드 가죽 재킷도 없었다.

"스티브?"

"응? 왜?" 그는 능청을 떨었다. 그는 나를 놀려먹는 재미를 톡톡히 즐기고 있었다. 스웨이드 가죽 재킷은 취급하지 않는다고 대답해줄 수 있었는데도 말이다. 손님이 세 번째 질문을 했을 때 나는 결국 그 답을 스티브에게 넘겼다. 이날의 경험은 지식이 없으면 도움을 줄 수 없다는 것을 잘 보여준다.

당신 교회의 방문객들이 질문한다. "화장실이 어디에 있나요?" "두 살배기 아이들을 위한 방은 어디죠?" "수련회 등록을 어디서 해야 하나요?" 새가족 사역 팀은 이들에게 도움을 줄 수 있도록 기본적인 지식을 늘 숙지하고 있어야 한다.

점검해보기: 당신의 교회에는 새가족 사역 팀이 있는가? 그들의 역할은 방문객들의 질문에 답하고, 길을 안내하며, 유용한 정보를 제공하는 것이다. 당신 교회의 새가족 사역 팀은 방문객들을 안내하는 데 필요한 지식을 충분히 갖추고 있는가? 예를 들면 환영 팀은 주일학교 예배가 열리는 각 공간의 위치와 어떤 곳에서 어떤 연령대의 아이들이 모이는지를 잘 알고 있어야 한다. 당신 교회의 새가족 사역 팀은 방문객들의 질문에 답하기 위해서, 그 내용을 어떤 부서의 누구에게 물어야 하는지와 묻는 방법 등을 알고 있는가? 교회 안에 방문객들이 필요한 정보를 얻을 수 있는 안내 센터가 있는가? 팀원들이 그 위치를 잘 알고 있는가?

그레인저 교회의 모델: 우리는 교회가 커지면 커질수록 정보 전달 책임을 맡은 사람들에게 정보를 신속하게 전하는 시스템이 보다 절실히 요구된다는 것을 오랜 시간 동안 절감했다. 우리는 언제나 이 일에 많은 관심을 쏟았다. 우리는 교회 방문객들이 필요한 정보를 즉시 얻을 수 있길 바란다. 첫인상 사역 팀원들이 질문을 받고는 답을 못해 쩔쩔매는 일이 없길 바란다.

그러기 위해 우리 교회에서는 첫인상 사역 팀원들에게 교제와 봉사의 기회를 많이 부여해주고, 각 사역과 어떻게 협력해야 하는지 배우는 것에 우선순위를 두도록 독려한다. 이런 일을 감당하기 위해서는 서로 협조하고자 부단히 노력해야 한다.

홍보나 청중과 소통하는 방식에 대해서는 우리 교회의 모든 사역이 동일한 과정을 따른다. 우리 교회 커뮤니케이션 팀은 온라인 도구를 사용해서 모든 정보가 홍보물과 예배용 슬라이드를 비롯하여 여러 형태로 자동 변환되는 시스템을 개발했다. 새가족 정보 서비스 팀은 웹 사이트를 친구처럼 여긴다. 그들은 거기서 얻은 정보를 가지고 질문에 대답하고, 방문객의 인적 사항을 등록할 뿐 아니라 방문객들이 더 많은 정보를 온라인으로 직접 얻도록 도와준다.

그 외에도 방문객들에게 필요한 사항을 발견하면 그것을 '알아야 할 것들' 파일에 추가시킨다. 그 파일에는 자주 묻는 질문들과 그에 대한 답변들이 포함되어 있다. 우리는 첫인상 사역 팀들이 이 질문들에 대해 샅샅이 살펴보도록 하고 또 다른 사람들이 모아온 정보들도 검토해보도록 한다.

다른 감동 모델들: 나는 가끔 애플의 안내 데스크나 전용 매장인 지니어스바에 갈 때마다 감동을 받는다. 그곳의 근무자들은 내가 아이폰이든 아이패드든 맥이든, 그 무엇에 대해서 질문하든 적절한 대답을 해주었다. 그들은 언제나 내 문제에 대해 비용이 들지 않는 방법부터 시작하여 하나 이상의 해결법을 제시했다.

최근 오하이오 주 남부에서 워크숍을 인도했는데, 그때 한 참석자로부터 비슷한 이야기를 들었다. 그녀는 애플의 고객 불만 처리 부서에 전화를 걸었다. 사실 그녀는 제품에 대해 아무런 불만이 없었고, 단지 제품 사용법에 대한 도움이 필요했을 뿐이었다. 그런데 전화를 받은 사람은 그녀의 전화를 다른 담당자에게 돌리거나 "그건 제 업무가 아닙니다"라고 하지 않았다. 게다가 그는 그녀의 질문에 적절한 답을 줄 수 있을 만큼 훈련이 잘되어 있었다. 문제는 해결되었고, 그녀는 무척 만족했다. 애플은 다시

금 그녀를 감동시켰다.

적용하기: 당신 교회에서 정보의 '블랙홀'은 어디인가? 아마도 지금이 정보 센터를 만들 적기인지도 모른다. 당신의 교회에서 취해야 할 다음 단계는 기쁜 마음으로 사람들을 섬기고, 계획을 빠르게 실행하며, 정보를 잘 전달하는 성도들로 구성된 팀을 만드는 것일 수 있다. 시스템 전문가들의 도움을 받아 교회의 각 사역 팀들과 정보 센터를 연결하는 파이프라인을 구축하고, 그것을 통해 정보가 원활하게 흘러가도록 하라.

> 지식이 없으면 도움을 줄 수 없다.

인격적으로 환대하라

나는 종종 친구들과 함께 즐거운 저녁 시간을 보내곤 한다. 대부분은 그들의 집에 놀러갔을 때다. 특히 웨그너 부부의 집에서 보내는 시간이 무척 즐겁다. 내가 처음으로 두 사람의 집에 놀러갔을 때 그들은 나에게 그 집의 모든 방을 보여주었다. 나는 가구들, 그림들, 어린아이들이 쓸 수 있는 변기 등에 대해 여러 가지 설명을 들었다. 나는 금세 그 집에 적응했고, 그곳에서 편안하게 지낼 수 있었다. 나는 화장실 외에도 그 집에 있는 다른 방들을 쉽게 찾을 수 있었다. 부엌에서 음료를 편하게 가져다 먹을 수 있었고 텔레비전 채널을 손쉽게 바꿀 수 있었다. "와!"라는 감탄이 절로 나왔다. 어떤 경험들은 인상이 강하게 남는다. 무척 단순하면서도 인격적이기 때문이다.

점검해보기: 당신 교회에서는 방문객들을 진정으로 환영해주는가? 당신 교회의 첫인상 사역 팀원들 중에서 다른 사람과 쉽게 대화를 시작할 수 있는 사람들은 누구인가? 한 걸음 더 나아가 방문객들의 말에 귀를 기울여줄 수 있는 사람들은 누구인가? 당신 교회에서는 이런 팀을 만들 수 있는가? 아니면 최소한 이런 기능이 수행되고 있는가?

그레인저 교회의 모델: 그레인저 교회의 정보 센터는 '고물 창고 같은 트레일러'였다. 이 정보 센터에 대해서는, 한 개의 팀이 자료 테이블을 관리한다고 앞에서 언급한 바 있다. 그러나 2000년 5월부터는 새로운 공간에서 예배를 드리기로 되어 있었기 때문에, 방문객들을 안내할 사역 팀을 추가로 조직하는 것이 좋겠다고 의견이 모아졌다. 예배실이 완공되고 나자 교제 공간도 이전의 비좁은 장소에서 널찍한 로비로 바뀌었다. 적절한 교제 공간에 대한 비전이 현실에서 구체적으로 실현되자 우리는 교회를 찾는 사람들을 더 잘 섬길 수 있게 되었다.

우리 교회 로비는 가장 큰 출입문과 예배실 사이에 있다. 교회를 방문하는 사람들이 로비를 지나갈 때 우리는 그들에게 정보 이상의 무언가를 제공해주고 싶었다. 그들을 주일학교로 안내해주고 싶었다. 그들과 대화하고 싶었다. 그들과 인격적인 교제를 나누고 싶었다. 그들을 환대하고 싶었다. 그래서 우리는 방문객들을 영접하고 그들에게 필요한 정보를 제공하는 사역 팀을 만들었다. 이 팀은 이전에 협소했던 교제 공간에서는 전혀 기대할 수 없었던 일들을 하고 있다. 전에는 안내 및 환영 팀이 방문객들을 맞이하고, 주보나 안내지를 나눠 주고, 그들을 예배실 좌석으로 안내하는 것이 전부였다. 그 외의 일을 하기에는 공간이 협소했기 때문이다.

새롭게 만들어진 새가족 정보 서비스 팀은 초기에 세 가지 기능을 수행했다. 첫째, 그들은 정보 센터에서 교회 방문객들의 질문에 답해주고, 그들이 다음에 무엇을 해야 하는지 알려주었다. 둘째, 그들은 아이스박스에 보관된 음료들과 카푸치노 기계가 있는 소규모 공간을 관리했다. 셋째, 그들은 가족 단위로 또는 혼자서 교회를 찾은 사람들을 도와주었다.

우리는 '간이식당'이라고 부르는, 봉사자들이 완벽하게 배치된 식당에서 방문객들에게 음료, 간식, 샐러드, 샌드위치를 제공한다. 시설 안내 팀은 처음 온 사람들의 개인적인 요구 사항을 들어주고 주일학교 교실까지 가족들을 안내하며 그들의 질문에 대답해준다. 또한 우리는 우리 교회에 처음 온 사람들을 구분해낼 수 있는 확실한 기준을 발견했고, 시설 안내 팀이 그 기준을 숙지하도록 훈련했다.

이것을 고려하라: 가게, 박물관, 백화점에 처음 방문할 때 당신은 그 안에서 가장 먼저 무엇을 하는가? 당신은 그 장소를 이리저리 살필 것이다. 그리고 천천히 여유롭게 걸을 것이다. 그런 다음 화장실을 찾을 것이다. 이는 사람들이 새로운 장소나 환경과 맞닥뜨렸을 때 주로 하는 행동이다.

교회 건물 안으로 들어오는 사람들도 마찬가지다. 우리 교회의 시설 안내 팀은 그런 행동을 하는 사람들이 있는지 의도적으로 살피다가 그들이 눈에 띄면 다가가서 환영의 말을 건네며 자기소개를 한다. 그다음에는 통성명을 하고 가벼운 대화를 주고받은 후에 방문객들이 가고 싶어 하는 장소로 그들을 안내한다.

어린 자녀가 있는 가족을 맞이할 때는 그들과 함께 있는 시간을 15~20분 정도로 잡는다. 팀원들이 그 가족을 주일학교로 안내하는 시간은 아주 중요하다. 그들과 대화를 주고받으며 친밀한 관계를 맺을 수 있기 때문이다. 나는 팀원들이 그런 식으로 새로 나온 가족들과 교제를 나누었다는 이야기를 많이 들었다. 그레인저 교회의 어린이들은 부모들이 주일학교 사역 팀과 만나서 대화를 나누는 동안 튜브 슬라이드를 타고 이 층에서 아래층으로 내려간다. 시설 안내 팀의 팀원들은 질문에 답해주고 자녀들을 잘 데려가도록 도우며 그들을 정보 센터로 안내하기 위해서, 예배가 끝난 후 그 부모들을 다시 만나게 될 때가 많다.

시설 안내 팀의 팀원들은 우리 교회의 정보 센터 주변을 돌아다니다가 새로운 방문객들이 주일학교 등록처를 찾거나 안내를 요청할 때 그들에게 다가가서 도와준다. 이 팀은 우리 교회에서 가장 외향적이고 호감 가는 외모를 가진 사람들로 구성되었다. 이 팀에서는 특히 SHAPE와 적성이 중요하다!

물론 그레인저 교회의 모든 팀들이 친절해야 하지만 새가족 정보 서비스 팀과 시설 안내 팀이야말로 방문객들과 직접 만나는 사람들이니만큼, 더욱더 인격적인 태도를 갖추어야 한다. 새신자 정보 서비스 팀은 그들에게 음료를 제공하거나 그들이 교회를 둘러보도록 개인적으로 안내하지 않는다. 그들은 질문에 응대하고, 전화를 받고, 방문객들을 다음 단계의 행사 또는 교육 과정에 등록시키는 일에만 전념한다.

시설 안내 팀은 새가족 정보 서비스 팀이 할 수 없는 섬김을 제공한다. 이들은 어느 한 지점을 지키는 것이 아니라 이곳저곳으로 이동할 수 있기 때문이다.

과거에 우리 교회의 새가족 정보 서비스 팀은 두 가지 기능을 수행했다. 교회에 방문한 사람들을 맞이하고 섬기며 그들에게 정보를 제공하는 것이다. 그러나 그 팀에서 해야 할 일들이 지나치게 늘어날 경우에는 팀의 기능을 조금 조절하기도 했다.

2004년 가을, 우리는 행사 등록과 상품 판매를 위한 POS(재고, 매출, 고객 관리를 원스톱 시스템으로 관리하는 중앙 단말기) 시스템 관리를 새가족 정보 서비스 팀에게 맡겼다. 전화 응대, 등록 관리, 잔고 관리, POS 시스템 등 업무량이 점점 늘어남에 따라 팀원들이 느끼는 부담감도 점점 커졌다. 그들이 정말 해야 하는 것은 새가족 영접이었지만 실제로는 잡다한 일들을 하느라 교회 방문객들을 제대로 맞이하지 못했다. 이 팀에 속한 사람들은 대부분 일 중심적이 아니라 사람 중심적인 성향을 가지고 있었다. 우리는 첫인상 팀들이 그들의 SHAPE에 따라 봉사를 하지 않으면, 아무리 교회가 노력한다고 해도 교회 방문객들이 좋은 경험을 할 수 없다는 것을 알고 있었다.

우리는 약간의 변화를 시도했다. 오늘날 우리 교회에서는 두 팀이 협력하여 방문객들을 섬기고 있다. 새가족 정보 서비스 팀은 정보 센터에서 전화를 받고, POS 시스템을 관리하며, 그들을 찾아오는 방문객들에게 정보를 제공해준다. 반면 시설 안내 팀은 사람들을 직접 환영하는 역할을 수행한다. 그들은 교회 방문객들과 대화하고, 그들에게 건물 이곳저곳을 안내하며, 그들의 질문에 답해준다. 이들의 임무는 방문객들이 교회를 집처럼 편안하게 느낄 수 있도록 배려하는 것이다.

다른 감동 모델들: 한번은 친구와 함께 '캐러바스 이탈리안 그릴'이라는 식당에 갔다가 자리가 없어서 기다린 적이 있다. 대기 장소는 좁았고 사람들로 북적거렸다. 그런데 우리가 기다리는 동안 종업원이 우리에게 전채 요리를 가져다주었다! 전채 요리를 먹고 난 후 몇 분이 지나자 두 번째 요리가 나왔다. 만약 요리가 또 한 번 나왔다면 아마도 배가 불러서 식사를 할 수 없었을 것이다!

내 친구는 그 음식점의 개방된 주방 앞에 있는 바에서 식사하는 것이 어떻겠냐고 제안했다. 나는 시끄럽게 딸그락거리는 부엌과 가능한 한 멀리 떨어진 곳을 좋아한다. 그러나 그날 저녁에는 새로운 경험을 해보기로 했다. 우리는 바에 자리를 만들어달라고 했다. 그리고 아주 특별한 대접을 받았다. 종업원이 주문을 받으러 오기 전에 요리사들은 우리의 입맛과 취향에 대해 물어보았다. 종업원은 우리가 음식을 고를 수 있도록 도와주기 위해 메뉴에 있는 음식들을 맛보기로 가져왔다!

식사를 하는 동안 우리는 요리사들과 그들의 요리 경험과 경력 그리고 그들이 요리사라는 직업을 얼마나 좋아하는지에 대해 이야기를 나누었다. 우리는 그들과 무척 가까워졌다. 우리는 그

레스토랑에서 환대를 받았고 그곳을 집처럼 편안하게 느낄 수 있었다.

적용하기: 사람들을 환대하는 방법은 다양하다. 교회의 시설과 규모와 문화에

● 어떤 경험들은 인상이 강하게 남는다. 무척 단순하면서도 인격적이기 때문이다.

따라 당신들만의 방법을 생각해낼 수 있을 것이다. 어떤 사람들과 함께 이 사역을 할 것인지가 무척 중요하다. 환대를 담당하는 팀의 구성원들은 반드시 외향적이어야 하며, 환대의 은사가 있거나, 사람들의 마음을 끌 수 있고 적절하게 도움을 줄 수 있는 은사가 있어야 한다. 이 팀의 팀원들에게는 행동을 통해 다른 사람들의 마음을 읽고 자연스럽게 대화를 시작할 수 있는 능력이 아주 중요하다.

자동응답기를 끄라

회사나 단체 등에 전화를 걸었을 때 자동 안내로 연결되는 경우가 있다. 그럴 경우 내가 자주 사용하는 조합은 전화기의 우물 정 자(#)를 두 번 누른 다음 0을 두 번 누르는 것이다. 어느 날 나는 내 통장 계좌를 아예 없애버리려고 통장의 잔고를 알아보기 위해 신용 카드 회사로 전화를 했다. 그 회사의 안내 방송에서 나오는 선택 사항은 라스베이거스 도박장의 규칙보다 더 복잡했다! 그 안내 방송은 끊임없이 어떻게 하라는 말을 쏟아놓았다. "만약 당신이 우리 회사와 거래를 정지하고 싶다면 911번을 누르십시오"라고 말할 때는 다행히도 복잡한 선택 사항이 없었

다. 나는 이 복잡한 미로를 헤매고 다니느라 3분이나 걸린 후에야 마침내 살아 있는 사람의 목소리를 들을 수 있었다.

점검해보기: 사람들이 당신의 교회로 전화를 했을 때, 그들은 어떤 경험을 하게 되는가? "예배 시작 시간이 언제인가요?"와 같은 간단한 질문에 답해줄 사람이 대기하고 있는가?

그레인저 교회의 모델: 우리 교회에서는 새가족 정보 서비스 팀이 모든 예배 시간에 전화를 받고 있으며, 예배 시간이 몇 시인지에 대한 간단한 질문들부터 급하고 중요한 질문에 이르기까지 일일이 응대해주고 있다.

이런 식으로 우리는 사람들이 평신도 자원봉사자들과 사역자들에게 보내는 메시지들을 전달해줄 수 있었고, 우리 교회에 전화를 하는 모든 사람에게 친근하고 친절한 응대를 할 수 있었다.

주말에 걸려오는 전화는 반드시 직접 응답해주어야 한다. 이런 일에는 상대방에게 전화 통화로 배려와 관심을 전할 줄 아는 사람이 필요하다. 로비나 본당 앞에서 사람들을 맞이하는 봉사자들이 단정한 외모를 갖추어야 하는 것처럼 전화를 받는 일에는 친근하고 단정한 목소리가 요구된다.

첫인상 사역 팀에 관리자를 포함시키라

솔직히 말해서 나는 그다지 까다로운 사람이 아니다. 아내도 이 말에 동의한다. 그러나 아내는, 내가 까다롭게 굴 때는 그 누구도 따라갈 수 없을 만큼 까다롭다고 말한다.

옷 가게에서 진열된 옷들을 둘러보다가 옷걸이나 진열장 앞쪽에 먼지가 수북이 쌓인 것을 볼 때가 있다. 가게 안이 지저분하면 그곳에서 파는 상품이나 일하는 직원들을 신뢰할 수 없게 된다. 또한 그런 경험은 불쾌한 기억으로 남는다. 그렇게 생각하는 사람이 나 혼자만은 아닐 것이다.

점검해보기: 기억하라. 당신의 교회에서 가장 먼저 해야 할 일은 잠재된 방해 요소들을 찾아내어 미리미리 제거하거나 최소화하는 것이다. 만약 당신 교회의 방문객들이 큰 유리문이나 출입구에 손자국이 여기저기 나 있는 것을 본다면 다시 오기 싫어질 수도 있지 않을까?

그레인저 교회의 모델: 우리 교회 시설 관리 담당인 멜라인은 첫인상 사역이 무엇을 의미하는지 잘 알고 있다. 그녀는 주말에 그레인저 교회를 관리해줄 수 있는 자원봉사자들을 모집했다. 그들은 유리를 깨끗하게 닦고 특히 정문을 세심하게 관리한다. 또한 화장실에 필요한 물건들을 제때 비치하고, 변기와 세면대와 거울을 닦고, 쓰레기통을 비우고, 기계실에 빗물이나 눈 녹은 물이 들어가지 않도록 살피며, 카펫이 청결하게 유지되도록 관리한다.

나는 멜라인의 통찰력과 리더십에 감사한다. 이 팀은 안내 팀 및 환영 팀과 더불어 우리 교회의 첫인상 사역에서 중요한 부분을 맡고 있다. 이들은 이름표를 달고 있어서 알아보기가 쉽고 방문객들이 도움을 요청하기에도 수월하다.

다른 감동 모델들: 우리 가족은 최근에 미시간 주 잭슨의 웨스

> 모든 은사가 다 중요하며, 모든 은사가 다 귀하다!

트윈즈 커뮤니티 교회를 방문한 적이 있다. 이 교회의 사명은 예배당 구조와 밀접한 관계가 있었다. 복도와 로비를 거쳐 예배실로 가게 되어 있는 동선을 보면 이를 통해 영적인 영향력을 주려는 의도가 엿보인다. 그 구조는 방문객들이 이리저리 헤매는 일이 없도록 해준다. 사실 이 교회의 핵심 사역은 예술가들로 이루어진 공동체를 섬기는 것이다. 그럼에도 그들은 세심한 부분들을 그냥 간과하지 않았으며 평신도들이 매일 교회 건물을 관리하고 있다. 이곳에서는 놀라운 사역이 일어나고 있었다. 그 이유는 그들이 첫인상을 매우 중요하게 여기기 때문이다.

적용하기: 당신의 교회를 떠올려보라. 교회에 처음 방문하는 사람들에게 전하려는 메시지를 방해하는 요소가 있는가? 그것을 제거하기 위해 당신은 무엇을 할 것인가? 첫인상 사역의 일부로서 건물 관리 팀을 어떻게 조직할 것인가? 첫인상 사역을 지원하는 다른 사역 팀들도 자신들이 교회 방문객들을 섬기고 있다는 것을 아는가? 그들은 관계 맺기에 대한 비전을 품고 있는가? 당신은 은사, 능력, 성격, 경험에 상관없이 교회의 모든 사람이 관계 맺기에 열정을 쏟도록 할 수 있는 방법을 찾았는가? 사람들이 어떤 부분에서 봉사하는 것이 더 나은가 하는 문제를 떠나 교회 방문객들이 교회와 관계 맺는 모습을 보고 싶어 하는 사람들은 전부 이 일에 참여하도록 하라. 모든 은사가 중요하며, 모든 은사가 다 귀하다!

한 걸음 더 나아가기

1 교회 로비에 어떤 변화를 줘야 방문객들이 한결 나은 분위기를 접할 수 있겠는가?

2 당신 교회의 첫인상 사역 팀에 건물 관리 팀을 추가하는 것이 방문객들의 경험에 어떤 영향을 주겠는가? 현재 누가 이런 세부적인 것을 담당하고 있는가?

3 이 장에서 제시한 '적용하기'의 내용을 잘 읽어보고 당신의 교회 환경에 맞는 실제적인 행동 단계들을 써보라.

6
이런 리더가 새가족을 웃게 한다

은사와 기질에 따른 역할 분담

First Impressions

"무슨 일을 하든지 마음을 다하여 주께 하듯 하고 사람에게 하듯 하지 말라"(골 3:23).

누구를 리더로 세울 것인가

나는 새가족 사역 팀의 리더들이 행정 업무를 매우 엄격하게 처리하는 교회에서 일해본 적이 있다. 행정적인 능력이 탁월한 사람들은 훌륭한 리더가 될 수 있지만, 사실 조직의 플로 차트(작업의 진도나 과정을 나타내는 도식—표준국어대사전)를 그리고 스케줄을 세우는 능력이 새가족 사역에서 가장 우선적으로 요구되는 자질은 아니다. 새가족 사역 팀에서 일하는 사람들은 리더십 외에도 반드시 탁월한 대인관계 기술이 있어야 한다. 새가족 사역은 대개 사람 중심적인 팀원들로 구성되어 있고, 남들과 쉽게 관계를 맺을 수 있는 사람들을 필요로 한다.

진정한 리더는 사람의 가치를 안다. 그들은 사람을 이용하지 않는다. 오히려 그들이 성공적으로 일을 수행할 수 있도록 도구를 제공한다. 당신이 리더를 찾고 있다면 다른 사람들을 잘 살피고 돌볼 수 있는 사람들을 눈여겨보라. 팀 안에서 활기찬 분위기를 만드는 사람들에게 주목하라. 교회 방문객들과 팀원들을 따뜻하게 대하는, 모범적인 사람들을 리더로 세우라.

손을 번쩍 들고 "저요" 하는 사람들은 그런 일을 하지 않는다. 예수님은 마가복음 10장에서 이와 관련한 내용을 언급하셨다. 예수님의 제자인 야고보와 요한은 둘이 담합해서 예수님께 대담한 요구를 했다. 그들은 예수님의 왕국에서 그분의 왼쪽과 오른

● 쪽 자리를 달라고 했다!

당신이 리더를 찾고 있다면 다른 사람들을 잘 살피고 돌볼 수 있는 사람들을 눈여겨보라.

예수님은 그들에게 "내 좌우편에 앉는 것은 내가 줄 것이 아니라 누구를 위하여 준비되었든지 그들이 얻을 것이니라 … 너희 중에는 그렇지 않을지니 너희 중에 누구든지 크고자 하는 자는 너희를 섬기는 자가 되고 너희 중에 누구든지 으뜸이 되고자 하는 자는 모든 사람의 종이 되어야 하리라"(막 10:40, 43-44)라고 말씀하셨다.

예수님은 리더십이 섬기는 것이라고 말씀하신다. 섬기는 리더십이란 "나는 좌편이나 우편의 자리가 아니라 '세 번째 자리'로 족하다. 나는 예수님을 따를 것이다. 나는 사람들을 섬길 것이다. 나는 가장 작은 자가 될 것이다"라고 말하는 것과 같다. 예수님은 높아지려는 자, 리더가 되려는 자는 그 누구라도 하나님 나라에서 받을 영광을 위해 가장 낮아져야 한다고 말씀하신다.

윌로크릭 교회와 새들백 교회에서 소그룹 사역을 이끌었던 브렛 이스트먼은 나에게, 이상적인 종의 자세를 가진 리더들은 마지못해 하는 것이 아니라 적극적으로 자원해서 섬기는 사람들이라는 것을 가르쳐주었다. 그들은 다른 사람들을 이끌면서 자신도 누군가의 리더십을 따르며, 이것을 가치 있게 여긴다. 그들은 팀을 만들고 또 팀에 소속되어 있다. 그들은 '세 번째 자리'로 만족하는 법을 안다. 리더들이 이기적인 태도를 보이면 팀원들도 똑같이 행동하는 법이다.

점검해보기: 이를 바탕으로 생각해볼 때 당신은 누구를 리더로

세워야 하는지, 또 리더로 세우면 안 되는 사람은 누구인지 알 수 있겠는가? 현재 리더는 아니지만 마땅히 리더가 되어야 할 사람을 알고 있는가? 당신은 '세 번째 자리'에 대해 어떻게 느끼는가?

> 이상적인 종의 자세를 가진 리더들은 마지못해 하는 것이 아니라 적극적으로 자원해서 섬기는 사람들이다.

그레인저 교회의 모델: 우리 교회의 첫인상 사역 팀에는 전에 다른 교회에서 안내 및 환영 팀으로 일해본 적이 있는, 무척 뛰어난 사람들이 있다. 그러나 우리는 그런 경험을 가진 사람들로만 팀을 꾸리지 않는다. 현재 탁월하게 능력을 발휘하는 사람들은 대부분 일반 기업체에서 고객 담당 서비스를 맡고 있거나 이전에 그런 일을 했던 자원봉사자들이다.

낸시의 경우를 보자. 그녀는 방문객 안내 팀장 12명의 코치 역할을 한다. 각 팀장들이 네 팀씩 담당하고 있기에 그녀가 섬기는 사람들은 총 250명 정도다. 그녀는 25년간 서비스 관련 업계에 종사했다. 따라서 사람들을 섬기는 조직에 대해 잘 이해하고 있다. 그녀는 각 팀들을 소중하게 여기며, 돌보는 마음으로 지도한다. 그녀는 방문객들을 최우선으로 생각하며, 사람들에게 신뢰받는 팀을 세워나가고 있다.

칼과 제나는 관여하는 모든 사역마다 훌륭한 결과물을 만들어 내는 부부다. 그들은 칼의 마케팅 관련 경험과 제나의 고객 관리 경험을 융합하여, 40년 넘도록 시장에서 고객들에게 서비스를 제공해왔다. 칼과 제나는 사람들을 좋아한다. 그들은 내가 아는 그 어떤 부부보다 친절하다. 나는 그들을 통해 많은 사람들이 신속하게 그레인저 교회와 연결되는 것을 목격했다.

칼과 제나는 다른 사람들이 최선을 다하도록 이끌어준다. 그들의 말과 행동을 통해 비전이 전달된다. 사람들을 위한 그들의 희생과 헌신은 감탄을 자아낸다. 그들은 몇 년간 그레인저 캠퍼스의 첫인상 사역 팀을 인도한 후, 인디애나 주 엘크하트에 설립된 우리의 첫 번째 지교회에서 사역 팀을 지도해달라는 요청을 받아들였다. 그들은 그곳에 사역 시스템을 이식했고, 팀을 세웠으며, 탁월한 성과를 낼 수 있는 표준을 확립했다. 예수님에 대한 사랑과 시장에서 얻은 통찰력에 기반을 둔 리더십은 그들이 사역에서 섬기는 리더십을 완벽하게 발휘하도록 해주었다.

주디는 자산 관리사다. 데니스와 조이스는 온천용 욕조 사업을 하고 있다. 토냐는 약사고, 데비스는 자동차 판매상이다. 셸리는 인테리어 디자이너다. 네이트는 투자 중개업을 하고 있다. 스티브와 데비는 보험과 재무 설계 분야에서 일한다.

이들은 모두 자신의 일터에서 섬기는 리더로서의 다양한 경험을 한 사람들이다. 물론 모든 리더가 관리나 판매를 해본 것은 아니다. 그렇지만 좋은 리더에게는 사람들을 사랑하며 팀워크에 가치를 둔다는 공통점이 있다. 그들은 교회의 사명 선언서에 담긴 내용을 실현하기 위해 자신이 어떤 역할을 해야 하는지 알고 있다. 동시에 첫인상 사역 팀의 리더들은 어느 정도 조직력을 가지고 있어야 한다. 그레인저 교회에서는 우리 교회의 첫인상 사역들을 이끌어가기 위한 자질과 능력에 대해 정리해두었다. 그 내용은 이 장의 뒷부분에 실려 있다.

당신과 함께 지도력을 발휘할 수 있으면서, '세 번째 자리'에 만족할 수 있는 사람들을 리더로 초청하라. 마지못해서 하는 것 같아 보일지라도, 일단 시도해보겠다는 자세를 가진 사람들을 찾으라. 서로 관계를 맺고, 함께 성장하며, 베풀고 섬기면서 팀을 이루려는 리더들을 찾으라. 그들의 삶과 직장 경험에 대해 알아보라. 하나님은 그들 모두를 쓰실 것이다.

적용하기: 방문객들이 교회에 들어선 지 10분 만에 "와!"라고 외치며 그리스도를 증거하는 설교에 마음을 열 수 있는 장소를 만들기 위해, 당신은 누구에게 도움을 청할 것인가?

내향적인 사람에게는 어떤 일을 맡길까

모든 사람이 섬김에 필요한 '사람들을 끌어당기는 자성'을 가진 것은 아니다. 많은 성도가 처음 교회를 방문한 사람들에게 하나님을 소개하며 기존 성도들과의 만남을 주선하려는 열정을 가지고 있다. 물론 그들 대부분은 방문객들을 환영하고 영접하는 일을 능숙하게 하지 못한다. 그러나 그런 사람들도 새가족 사역 팀을 성공적으로 이끄는 데 기여할 수 있다. 따라서 그들도 사역에 동참시킬 수 있는 방법을 찾아보라.

그레인저 교회에서는 매주 토요일 오후에 많은 사람이 모여 한 팀당 5,000장에서 10,000장의 주보를 분류하고 정리한다. 이 사람들은 우리 교회의 첫인상 사역 팀원들이다.

우리 교회 첫인상 사역 팀원들은 정해진 순서에 따라 많은 시간을 할애해서 각자 맡은 일을 섬긴다. 토요일에는 오후 4시 이전에 교회에 도착해서 거의 밤 9시까지 섬긴다. 저녁 식사를 건너뛸 때도 많다. 주일에는 아침 8시까지 도착해서 오후 1시까지 섬긴다. 말만 들어도 배가 고파지지 않는가? 이들을 섬기기 위해 또 다른 자원봉사자들이 음식을 준비한다. 원하는 사람은 누구나 먹을 수 있다.

당신은 3장에서 우리 교회의 첫인상 사역팀에 대해 살펴보았을 것이다. 거기에 더하여 당신 교회의 성도들 중 내향적인 사람들이 이 사역에 참여할 수 있는 기회들을 소개한다.

보이지 않는 곳에서 이루어지는 교제 사역

외향적이지 않은 사람들은 다음과 같은 방법으로 교회 방문객들을 도울 수 있다.

- 팀원들에게 엽서를 보내서 일정을 미리 확인시켜준다.
- 식사를 섬기는 팀을 위해 재료를 준비해둔다.
- 주말에 진행할 프로그램들을 준비한다.
- 주차장의 러버 콘(원뿔 모양의 차량 통제용 구조물)을 미리 세워둔다.
- 주말에 섬기는 팀들과 교회 방문객들을 위해 기도한다.
- 섬기는 팀의 명단과 특징들을 업데이트해서 준비해둔다.
- 새가족 서비스 센터에 모든 사역 정보를 비치할 수 있는 시스템을 갖추도록 협조한다.
- 새가족 서비스 센터에 정보 자료들과 등록 용지들을 여유 있게 비치해둔다.

교회 안의 긴급 상황

긴급 상황만큼 교회에 대한 첫인상을 몇 분 안에 완전히 망쳐놓는 것도 없다. 특히 긴급 상황에 대처하지 못했거나 미숙하게 대처했을 경우 사람들은 교회에 대해 적잖이 실망한다. 사실 교회에서 긴급 상황이 발생하는 경우는 드물기 때문에, 일반적으로 교회들은 사전 예방 조치의 필요성을 느끼지 못한다. 그러나 미흡한 예방 조치로 인해 발생하는 위험을 무시하고 넘어가기에는 그 대가가 너무 크다.

예를 들어 어떤 사람이 주일학교 교실에 들어가서 부모의 허락 없이 아이를 데려갔다고 가정해보자. 당신 교회의 봉사자들은 이 사태를 어떻게 대처하도록 훈련받았는가? 만약 예배 도중에 화재 경보가 울린다면 누가 어떤 조치를 취할 것인가? 눈이나 비가 많이 내린 나머지 심각할 정도의 비상사태가 발생한다면 성도들은 어디로 피해야 하는가? 예배 중에 목사가 위협을 받는다면 어떻게 할 것인가?

긴급 상황에 대비해서 아무런 대책도 마련해두지 못했다면, 실제 그런 일이 벌어졌을 때 교회 방문객들이 위험에 처할 뿐만 아니라 교회에 대한 신뢰 역시 흔들리게 된다. 긴급 상황에 대한 준비와 계획은 교회에 주어진 책임일 뿐만 아니라 방문객들이 당연히 기대하는 바이기도 하다. 방문객들의 자녀가 다니는 학교에서도 긴급 상황에 대한 계획이 잘 준비되어 있다. 그들이 다니는 직장도 마찬가지다. 그들이 물건을 사러 가는 쇼핑센터 역시 비상시를 대비해 여러 가지 대책을 마련해두었다. 교회도 그렇게 해야 한다. 따라서 교회는 아래와 같은 위기 상황들에 맞닥뜨렸을 때 어떻게 대처해야 할지 계획을 세워두어야 한다.

어린이 유괴

어린이 유괴 사고는 종종 일어난다. 특히 친척이나 친지 등 얼굴을 아는 사람들에 의한 범죄 위험이 언제나 존재한다. 일반적으로 교회는 어린이들을 넘겨줄 때 확인 절차를 밟는다. 그런데 신원이 분명하지 않은 사람이 이런 절차를 무시한 채 어린이를 데려가려고 한다면 어떻게 대처할 것인가?

위협적인 사람들

교회 건물 내에서 위협적인 태도를 보이는 사람이 있다면, 그에게 무기가 있든 없든 반드시 그를 제지해야 한다. 말싸움이나 몸싸움이 일어날 때 아무도 다치는 사람이 없도록 이에 대한 계획이 반드시 갖춰져 있어야 한다. 안전 요원이나 경찰이 도착할 때까지 그런 사람에게 어떻게 말하고 행동할 것인지 대처법을 고안하여 서면으로 기록해두라.

화재

방이나 건물에 화재 경보가 울릴 경우 사전에 미리 철저하게 준비되어 있지 않다면 사람들은 전부 겁에 질려 우왕좌왕할 것이다. 주일학교 교사들, 새가족 사역 팀, 예배실에서 일하는 봉사자들을 전부 고려해서 전략적인 계획을 세울 때 혼란을 최소화할 수 있으며, 필요한 경우에는 사람들이 질서 있게 대피하도록 유도할 수 있다.

자연재해

당신 교회를 처음 방문한 사람들은 교회 건물 안에서 어디가 가장 안전한 장소인지 모른다. 더군다나 교회를 오랫동안 다닌 사람들조차도 모르기는 매한가지다. 급작스러운 기상재해가 발생할 때는 날씨 정보를 잘 파악해서 모든 성도를 안전한 장소로 이동시켜야 한다.

도난

도난을 방지하기 위한 계획을 짤 때는 다음과 같은 질문들에 대해 생각해보라. 예배 안내자들이 헌금 바구니를 예배실에서 가지고 나올 때, 그 모습이 사람들의 눈에 잘 띄는가? 헌금을 분류하고, 계산하고 보관할 때 경찰 혹은 안전 요원들이 동행하는가? 미리 도난 방지 조치를 취해두면 예기치 못한 위험으로부터 교회를 지킬 수 있다.

의료 사고

의료 사고는 그 누구도 예측할 수 없는 문제다. 심장마비, 출산, 상해, 타박상 등은 무리가 모이는 곳이면 규모에 관계없이 어디서나 발생할 수 있다. 당신 교회의 성도들 중에는 간호사, 의사, 소방관, 응급조치 기술자 등 훈련된 전문가들이 있을 것이다. 그리고 당신이 그들에게 요청하면 그들은 기꺼이 의료팀에 속해서 섬기려고 할 것이다.

대처 방안을 마련해두라

그레인저 교회에서는 우리 교회에 출석하는 전문가들의 협조를 받아 거의 모든 긴급 상황에 대처할 수 있는 계획을 짜두었다. 나를 포함해서 소방 대장, 경찰관, 시설 담당관, 주일학교 책임자, 행정 담당 목사가 한자리에 모여 세운 계획이다. 각 팀별로 위협, 필요, 반응, 적절한 역할들에 대해 알아내고자 몇 차례나 모임을 가졌고, 그렇게 해서 결과물이 도출되었으며 행정의 은사를 가진 사람들이 이것을 확인했다. 우리 교회의 긴급 상황 대처 매뉴얼은 지금까지 몇 번에 걸쳐 보완되었으며, 자세한 내용은 wiredchurches.com에서 볼 수 있다.

지역 소방서와 경찰서들은 당신이 당신 교회의 독특한 상황에 맞게 계획을 짜고 실행할 수 있도록 기꺼이 도와줄 것이다. 이러한 단체들은 특히 예방을 강조한다. 주저하지 말고 언제든지 이들에게 도움을 요청하라.

일단 계획을 세운 후에는 당신 교회의 첫인상 사역 팀에 속한 모든 팀원이 실제 상황에서 그 계획을 실행할 수 있도록 충분히 훈련시키라. 교회에서는 긴급 상황이 발생하는 경우가 몹시 드물기 때문에 자주 훈련하지 않으면 잊어버린다. 각 팀의 팀원들이 매주 5분 정도 시간을 내어 긴급 상황에서 각자에게 주어진 책임이 무엇인지를 검토해보도록 하라.

안전 팀을 만들라

우리 교회의 안전을 위한 계획에서는 앞에서 언급했던 위협들, 즉 어린이 유괴, 위협적인 사람들, 도난에 대해 특히 구체적으로 다루고 있다. 이런 상황들이 벌어질 때 우리는 911로 전화하기도 하지만, 먼저 교회 안의 훈련된 사람들을 통해 위험을 제거하거나 최소화한다.

처음 안전 팀을 만들었을 때는 우리 교회 성도들 중에서 훈련된 법률 집행 요원들만을 모집했다. 그러나 안전 팀은 점점 약화되었다. 일정을 잡는 문제들을 포함한 여러 가지 이유로 말미암아 우리는 팀원들을 새로 보충해서 안전 팀을 하나 더 만드는 것에 대해 생각하게 되었다.

첫째, 우리는 자질이 있는 리더들을 찾아냈다. 그리고 그것은 팀이 성공하는 데 핵심 요소가 되었다. 지금은 훈련된 법률 집행 요원인 로드와 마크가 이 팀을 이끌고 있으며, 팀원들 역시 훈련을 받은 사람들로 이루어져 있다. 로드와 마크는 팀원들이 우수하게 그리고 자신감 있게 주어진 역할을 해내도록 도와준다. 이러한 자신감과 리더십은 서로에 대한 신뢰를 기반으로 팀워크를 이루는 데 필수 조건이다.

이 팀에게 주어진 우선적인 책임은, 위협적인 상황에서 사람들이 동요하지 않도록 안정시키면서 그들을 돕는 것이다. 또한 팀원들은 수상한 상황과 행동을 인식하도록 훈련받는다. 특히 비정상적인 조짐을 알아채는 훈련은 무척 중요하다. 이들은 예배가 시작되기 전에 교회 건물을 두루 돌아다니면서 수상한 사람이나 물건이 있는지 확인해본다.

이 팀의 팀원들은 일반적으로 점퍼를 입는다. 우리 교회가 처한 환경에서는 이러한 복장이 안전 전문가로서의 권위를 상징한다. 배지를 달거나 경찰 제복과 비슷한 셔츠를 입는 것은 우리 교회 문화로 볼 때 적절하지 않다.

당신 교회에 안전 팀을 만들 때는 팀원들이 교회의 사역 철학을 따라가도록 돕는 것에 각별히 유의하라. 어떤 외모와 태도를 갖추어야 하는지 분명하게 알려주라.

의료 팀을 만들라

교회 방문객이 심장 발작 증세로 가슴 통증을 호소하던 어느 주일, 의사인 앨런 스넬은 교회의 환영 팀에서 봉사하고 있었다. 거기 있던 모든 사람은 위급한 상황에서 앨런 박사처럼 훈련받은 전문가가 그 자리에 있었다는 것을 감사했다. 그 일 후에 앨런은 앞으로 또 발생할 수 있는 사고에 대처할 수 있도록 우리 교회에 의료 팀을 만들자고 요청했다.

능력을 갖춘 리더가 열정을 가지고 의료 분야의 사역 팀을 만들자고 제안했을 때 우리는 모두 그 생각에 동의했다. 앨런은 교회 안의 의료 전문가들에게 도움을 요청했고, 오늘날 거의 60명에 이르는 자원봉사자들이 의료 팀에 소속되어 순번을 따라 봉사하고 있다. 이 팀에 참여하는 사람들은 모두 의료 기술 수준에 상관없이 표준화된 훈련을 받는다.

> 능력을 갖춘 리더가 열정을 가지고 의료 분야의 사역 팀을 만들자고 제안했을 때 우리는 모두 그 생각에 동의했다.

각 팀원들은 기본적으로 심폐소생술 훈련을 받고, 자동 제세동기와 알레르기 반응을 보일 때 사용하는 에피네프린 주사기 및 산소 호흡기 사용법을 배운다.

비록 스넬 박사는 우리 지역을 떠났지만, 그가 이끌던 팀은 여전히 유용한 사역을 감당하고 있다. 각 예배 때마다 네다섯 명의 팀원들이 휴대용 무선호출기를 지닌 채로 대기한다. 거의 매주, 적어도 최소한 한 사람은 적절한 의료 조치를 해달라는 긴급 전화를 받는다. 의료 팀원들은 자신들의 능력을 교우들을 위해 사용할 수 있다는 것에 흥분을 감추지 못한다.

당신의 교회에도 긴급한 상황이 벌어졌을 때 사람들에게 응급 처지를 취할 수 있도록, 리더가 되어 팀원들을 훈련시켜줄 사람들이 있을 것이다.

공지 담당자를 정하라

교회가 커지면 각 예배 때마다 의사소통을 담당할 수 있는 사람이 반드시 필요해진다. 이 사람의 역할은 뇌의 명령을 전달하는 중추신경과 같다. 모든 긴급 상황과 특별한 대책이 요구되는 상황들은 공지 담당자에게 반드시 전달되어야 한다. 그러면 그가 적절한 사역 팀에게 그 내용을 전달한다. 긴급 상황이 일어나면 공지 담당자는 주요 사항을 문서로 만들어 성도들에게 전달함으로써 위기에 잘 대처할 수 있도록 해준다.

공지 담당자들은 긴급 상황 대처 매뉴얼을 관리한다. 그들은 매뉴얼의 내용을 충분히 숙지하고 있어야 한다. 우리 교회의 공지 담당자들과 기타 주말 사역 팀 리더들은 헤드셋을 통해서 의사소통을 한다. 공지 담당자의 가장 큰 역할은 모든 공지들을 정확하고 충분하게 전달함으로써 교회 시스템이 제대로 돌아가도록 하는 것이다. 그 외에도 공지 담당자는 필요에 따라 환영 팀으로서 또는 안전 팀으로서 또는 그 외의 일들을 함으로써 다른 리더들을 돕는다.

섬기는 사람들도 감동을 받아야 한다

사람들은 대부분 시간이 흐르면서 자신들이 맡고 있는 사역을 의무로 보기 시작한다. 그렇게 되면 자기가 세우려고 하던 공동체에 대한 비전과 꿈을 놓치게 된다. 일이 많아질수록 하나님과 교제하며 쉼을 누리는 시간은 점점 줄어들고, 그 결과로 그들은 교회를 방문하는 사람들을 진정으로 영접할 수 있는 능력을 상실할 수도 있다. 공동체가 건강하게 유지되려면 구성원들이 여유로운 마음으로 함께 차를 마시며 교제하고, 또 자신들의 참모습에 대해 이야기를 나눌 필요가 있다.

첫인상 사역의 리더들이 해야 할 정말 중요한 일은 각 팀원들이 일에 집중하기보다 마음을 경작하도록 하고 또 그런 문화를 조성해주는 것이다. 리더와 팀원들 간의 대화가 이런 수준에 도달하면 사람들은 서로를 진심으로 인정하게 된다. 자신들이 하나님이 인정하시는 보배처럼 귀하게 인정받을 때, 그들 또한 교회 방문객들을 귀한 사람으로 대할 수 있다. 이러한 변화는 그들을 재충전시켜줌으로써 이 사역에 더욱 헌신하게 하며 진정으로 다른 사람들을 수용하게 해준다.

과거에는 우리 교회 첫인상 사역 팀의 팀원들이 한 달에 한 번씩 돌아가며 섬겼다. 그들은 지정된 곳에 주보를 놓거나 또는 예배 때 헌금을 걷었다. 그 일은 자기 팀에 누가 속해 있는지 모르는 상태에서도 얼마든지 할 수 있었다. 하지만 그렇게 되면 공동체를 이루고 함께 섬길 수 있는 기회가 없다. 당시 그 사역은 임무에 비중을 두었을 뿐 관계에 비중을 두지는 않았다.

그래서 우리는 순서를 새롭게 짰다. 토요일 저녁마다 섬기는 팀, 주일 아침마다 섬기는 팀 그리고 4주마다 한 번씩 토요일과 주일을 함께 섬기는 팀으로 나누었다. 그들의 출석 보고 시간은 예배 시작 5분 전이 아니라 60분에서 90분 전이 되었다. 그 시간 동안 팀원들이 모여 함께 대화하고, 말씀을 나누고, 기도하면서 방문객들을 섬길 준비를 한 것이다. 리더들은 이 시간에 해야 할 일을 나누고, 질문에 답하고, 긴급 상황에 대한 계획을 세우며, 훈련 방법을 보완하기도 한다.

우리 교회에서는 예배 시간 중 팀원들이 '쉬는 시간'을 가지면서 서로 만날 수 있도록 장소를 마련해준다. 그들은 그 시간에 함께 음식을 먹거나 이야기를 나눌 수 있다. 이처럼 팀원들은 같은 사역을 섬기면서 관계를 맺어간다.

지금은 각 팀들이 주말 예배에서 섬기는 시간 외에도 따로 시간을 내어 교제하고 있다. 리더들은 공동체를 더욱 강화하기 위해 바비큐 파티나 다른 모임들을 가진다.

우리 교회 방문객들은 간접적인 수혜자들이다. 방문객들은 교회에 발을 들여놓는 순간 자신이 환대를 받는다고 느끼는데, 이는 팀원들이 가진 서로를 수용하는 마음이 방문객들에게도 전염된 것이다!

우리는 이 사역을 통해 공동체를 경험할 수 있음을 배웠다. 만약 공동체를 경험할 수 없다면 이는 참으로 안타까운 일이다.

첫인상 사역 리더의 자격 조건

1. 교회의 사명, 비전, 가치, 목적들을 적극적으로 지지해야 한다.

2. 리더들을 위한 교육 과정을 수료해야 하며, 사역 안에서 그들이 가진 독특한 SHAPE를 정의하고 표현할 수 있어야 한다.

3. 마가복음 10장 43절(너희 중에 누구든지 크고자 하는 자는 너희를 섬기는 자가 되고)과 빌립보서 2장 5절(너희 안에 이 마음을 품으라 곧 그리스도 예수의 마음이니)을 본보기로 삼아야 한다.

4. 앞으로 리더 역할을 맡게 될 사람들을 대면하여 멘토링하고, 팀의 참모들에게 다양한 책임들을 위임함으로써 다른 리더들의 역량을 개발해주어야 한다.

5. 전체 훈련 전후로 적시 훈련(just-in-time-training)의 성격을 띤 현장 훈련(on-the-job-training)을 함으로써, 모든 팀원들을 훈련한다 (훈련은 주말에 이루어지며, 그 내용은 팀원들이 알아야 할 사항들이다).

6. 주말에 방문객을 섬기는 사역이 잘 진행되도록 한다.

7. 주말에 섬길 수 있는 팀원들을 모집한다.

8. 분명한 의사 전달과 협력을 통해 공지 담당자와 팀원들 사이에서 중간 연락책 역할을 한다. 특히 비상시에는 더욱 그렇게 해야 한다.

9. 상호 협력 관계에 있는 자원봉사자들과 사역자들에게 지속적으로 피드백을 주어야 한다.

한 걸음 더 나아가기

1 만약 이번 주에 날씨, 의료 또는 화재와 관련해서 긴급 상황이 발생한다면 최악의 시나리오는 무엇이겠는가? 당신 교회 또는 지역 사회에서 당신을 도와 6주 내에 긴급 상황 대처 방안을 세울 수 있는 사람이 있는가?

2 교회 사역들 간의 의사소통을 담당하는 사람이 있는가? 주일학교의 어린이부와 청소년부, 교회 방문객들, 예배실을 섬기는 사역들 간에 존재하는 간극을 누가 메우고 있는가? 이들은 주일 예배를 위한 교회 공동의 비전과 사명이 그들과 어떻게 관련되어 있다고 느끼는가?

3 만약 당신 교회에 새가족 사역 팀이 있다면 그 팀에 속한 사람들은 서로 얼마나 긴밀한 관계를 맺고 있는가? 그들이 서로 공동체를 이루도록 어떻게 격려할 수 있는가? 당신 교회 환영 팀에 속한 사람들은 다른 공동체나 팀들과 어떤 관계를 맺고 있는가? 만약 당신이 이 사역을 시작한 지 얼마 되지 않았다면, 당신은 어떻게 이 팀 안에 공동체 의식을 고취시킬 것인가?

4 이 장에서 제시한 '적용하기'의 내용을 잘 읽어보고 당신 교회의 환경에 맞춰 실제적인 행동 단계들을 써보라.

7
진심을 전하려면 훈련이 필요하다

사역의 일관성을 유지하는 기초 훈련

First Impressions

"성과를 내는 팀들은 자기들의 최종 목표가
결과 보고가 아니라 변화라는 것을 안다."[1]

기초가 중요하다

첫인상 사역 팀에게 가장 중요한 것은 훈련이다. 방문객들을 탁월하게 섬기려면 세부적인 기술보다는 기초가 탄탄해야 한다. 기초 훈련을 할 때는 원리와 가치를 강조해야 한다. 세세한 방법들을 일일이 설명하기보다는 당신이 어떤 분위기를 만들려고 하는지 팀원들의 마음속에 그려주는 것이 좋다.

만약 당신 교회의 사역 팀들이 고결한 가치와 사명에 집중하지 않고도 주어진 임무를 정확하게 완수하고 있다면, 교회의 분위기는 갈수록 일 중심적인 사람들에 의해 일 중심적으로 흐를 것이다. 사역은 매우 효율적으로 운영되겠지만 그 안에 따뜻함이 없으며, 심지어 차가운 분위기가 느껴질 수 있다.

비전을 붙드는 것이 중요하다. 당신 교회의 사명과 사역에 대해서 가르치라. 교회의 목적을 강조하라. 사역 팀들이 이 목적을 달성할 수 있도록 환경을 조성하라.

첫인상 사역 팀을 위한 훈련법

가장 먼저 실시하는 훈련의 목표는 사역의 목적에 대해서 첫인상 사역 팀원들에게 동의를 얻고 그 목적을 성취하기 위해서 해야 할 일을 이해시키는 것이다. 사역의 비전, 사명, 가치, 목적,

> 세세한 방법들을 일일이 설명하기보다는 당신이 어떤 분위기를 만들려고 하는지 팀원들의 마음 속에 그려주는 것이 좋다.

특징에 대한 정의를 분명하게 내린 뒤 다수의 영향력 있는 사람들을 확보한다면 그들로부터 큰 도움을 받을 수 있다. '영향력 있는 다수'에 대한 정의는 당신이 처한 상황에 따라 다르다. 그러나 사람의 수가 많을수록 효과가 크다.

이 훈련에 두세 시간을 할당하라. 특히 훈련 대상자들이 많을 때는 시간을 충분히 배정해야 한다. 훈련을 하는 동안 사람들을 소그룹으로 나눈 뒤 10~15분 정도의 시간을 주고 그들이 소그룹 안에서 교제를 나누게 하라. 이렇게 하면 그들은 교제를 통해 많은 것들을 배울 수 있으며, 당신의 사역 철학을 더 깊이 이해하고 따르게 될 것이다.

이제부터 그룹 훈련에 대한 개요를 다룰 것이다. 이어지는 내용을 당신 교회의 문화와 당신의 훈련 철학에 맞춰 응용하라.

첫인상의 힘을 기억하라

기업들이 소비자를 어떻게 대하는지 살펴보고, 사역 팀들이 이것을 교회에 적용하도록 해야 한다. 첫인상의 특징을 이해하도록 1장에 실린 연습 문제, '첫인상은 끝까지 남는다'를 풀어보게 하라. 그런 다음 팀원들이 쇼핑센터나 거래처에서, 혹은 구매한 물건을 통해 감동받았던 경험과 실망했던 경험을 서로 나누게 하라. 이런 과정을 거치면서 팀원들은 방문객들이 어떤 것을 기대하며 교회에 찾아오는지 이해하게 될 것이다.

사역의 사명, 비전, 가치로 무장하라

이 사역은 교회 방문객들에게, 교회는 편안한 곳이며 자신은 지금 환영받고 있다는 느낌을 주기 위한 것이다. 첫인상 사역의 목적과 방법들에 대해 요약하라. 훈련을 받는 사람들이 자신은 어떻게 그리스도를 알고 교회에 나오게 되었는지를 서로에게 간증하도록 하라. 만약 당신이 '처음 10분의 원리'를 사역의 특징으로 삼고 싶다면, 이 시간은 그에 대한 아이디어를 얻을 수 있는 좋은 기회가 될 것이다.

만약 당신의 교회에서 오래전부터 이 사역을 해온 것이 아니라면, 담임목사와 제직들부터 초기 훈련 단계에 참여하도록 권하라. 만약 당신이 담임목사가 아니라면, 교육 시간 중 일부를 담임목사가 맡도록 의뢰하는 것도 깊이 고려해볼 만하다. 그가 비전을 제시하고, 사람을 중요하게 여기는 문화가 교회 안에 뿌리내리도록 목소리를 내준다면, 당신의 사역은 훨씬 더 원활하게 진행될 것이다.

교회 방문객이 되어보라

우리에게는 약점이 하나 있다. 잘 잊어버리는 것이다. 우리는 낯설고 새로운 환경에서 사람들이 어떻게 행동하는지 아주 쉽게 잊어버린다. 이러한 건망증은 교회 방문객들을 있는 모습 그대로 영접하지 못하도록 방해한다.

예수님은 우리가 잘 잊어버린다는 것을 아셨다. 그래서 우리에게 다음과 같은 황금률을 주셨는지도 모르겠다. "남에게 대접

> 우리는 낯설고 새로운 환경에서 사람들이 어떻게 행동하는지 아주 쉽게 잊어버린다.

을 받고자 하는 대로 너희도 남을 대접하라"(마 7:12). 만약 우리가 어려운 상황에 처했을 때 자신에게 무엇이 필요했었는지 잊어버린다면, 어려운 상황에 처한 다른 사람들의 마음을 잘 이해하지 못할 것이다. 예를 들어 번개와 천둥이 칠 때 어린아이가 어떤 느낌을 받는지 잊어버렸다면, 새벽 한 시에 자다가 천둥소리에 깨어 내 옆에 와 있는 딸아이를 보면서 짜증을 낼지도 모른다. 만약 전날 고속도로 진입로에서 내가 끼어들기를 할 수 있도록 어떤 운전자가 배려해준 것을 잊어버렸다면, 오늘 다른 차가 내 앞으로 끼어들려고 할 때 내 차를 앞차에 바짝 붙일 수도 있다.

우리가 소외당하지 않고 용납될 때 어떤 느낌이 드는지를 기억한다면 다른 사람들을 더 관대하게 수용할 수 있을 것이다. 우리가 목적지를 찾지 못해서 허둥댔던 때를 기억한다면, 낯선 길에서 헤매는 사람들을 기꺼이 도울 것이다. 우리가 영적으로 갈급하여 영혼을 만족시켜줄 뭔가를 간절히 찾던 때를 기억한다면, 동일한 상황에 놓인 교회 방문객들을 더욱 세심하게 살피고 돌볼 수 있을 것이다.

방문객의 마음과 통하라

다음 활동을 해보라. 이것을 통해서 첫인상 사역 팀의 팀원들이 자기를 바라보는 관점과 교회 방문객들을 바라보는 관점 사이의

간격을 좁힐 수 있다.

준비물

- 이 장 끝부분에 있는 질문지 '우리 교회 방문객은 어떤 사람들인가?'의 복사본
- 누군가에게 받은 기도 제목 4~6개
- 작은 카드 또는 종이
- 책 몇 권과 벽돌 몇 개를 넣은 배낭
- 광고지 또는 신문지
- 매직펜

진행법

훈련을 시작하기 전, 성도들에게 기도 제목을 4~6개 정도 받는다. 기도 요청 카드나 웹 사이트 또는 전화로 받았던 기도 제목들도 좋은 재료가 될 것이다. 먼저 기도 제목을 개인 카드나 종이에 적고 그것을 배낭에 넣는다.

이어서 사람들을 4~5개 그룹으로 나누고 매직펜, 광고지 또는 신문지, '우리 교회 방문객들은 어떤 사람들인가?' 복사본을 각 그룹에 나눠 준다. 그룹별로 8~10분의 시간을 주고 질문의 내용에 대해서 토론하게 한 뒤 그들이 내린 결론을 설명하게 한다. 그런 다음 그룹별로 '교회 방문객들의 특징'에 대해 논의할 기회를 준다. 논의 결과 어떠한 특징들을 알아냈다면, 진심에서 우러나오는 격려의 박수를 그들에게 보내준다.

아래와 같은 점을 하나씩 짚어가면서 각 그룹이 내린 결론을 보고하게 한다.

- 교회가 속한 지역 사회에서 대중화된 여가 활동들
- 교회가 속한 지역 사람들의 쇼핑 경향
- 교회가 속한 지역 사회에서 공유된 가치
- 교회가 속한 지역의 인구 통계(연령, 결혼 여부, 자녀, 수입 규모)
- 교회가 속한 지역 사람들의 기본적인 희망, 필요들, 두려움들

이 활동은 훈련 과정을 밟고 있는 사람들에게 두 가지를 알려줄 것이다. 첫째, 그들은 지역 공동체를 이루는 사람들에 대해 그들이 일반적으로 알고 있던 것 이상을 알게 된다. 둘째, 교회 방문객들이 자신들과 매우 비슷하다는 것을 깨닫게 된다. 사실 교회 방문객들은 그들과 공통점이 많다.

훈련을 받는 사람들에게 가방을 건네준 뒤 한 사람씩 돌아가면서 그 가방 안에 있는 기도 제목 하나를 꺼내어 읽게 하라. 기도 제목에 담긴 이혼, 죽음, 실직, 두려움과 관련된 문제들을 언급하며, 그 가방의 무게가 교회를 찾아온 방문객들이 마음에 지고 있는 짐과 동일하다는 것을 설명하라. 미소를 짓고 있는 사람들의 모습 이면에는 절박한 심정이 웅크리고 있다. 그들은 진정한 답을 찾고 있는 것이다. 많은 사람이 이렇게 말하고 싶어 한다. "나를 도와주세요. 내게는 누군가의 도움이 필요합니다!"

당신의 그룹을 향해 "여러분 중에 이런 마음의 염려와 의심과

두려움을 가지고 있거나 또는 한때 가졌던 분이 있습니까?"라고 물어보라. 아마도 그 자리의 모든 사람이 손을 들 것이다. 팀원들이 그 사실을 기억할 때 그들과 교회 방문객들 간의 거리감은 사라질 것이다.

HELLO: 첫인상 사역의 핵심이 담긴 활동

'HELLO'는 머리글자를 모아서 만든 말이다. 이 단어에는 새 가족 사역이 만들어가려는 환경에 반드시 필요한 요소가 담겨 있다. HELLO는 팀원이 교회를 찾아온 사람들을 섬길 때 그들이 "와, 정말 감동적인데!"라고 말할 수 있도록 방문객들과 자연스럽게 개인적인 교제를 나누는 과정을 보여준다. 무척 재미있고 유익한 활동이다.

당신은 HELLO의 각 알파벳을 살펴보며 훈련 참여자들의 이야기들 중에서 사례를 찾아야 한다. 물론 자신의 경험을 사례로 삼는 것도 잊지 말라.

각각의 알파벳이 가리키는 활동을 하기 전에 세 명씩 한 그룹을 만들라. 그런 다음 각각 교회 방문객, 안내자, 관찰자 중 하나를 맡아 역할극을 해보도록 하라(나중에는 셋이 돌아가면서 모든 역할을 다 해보도록 한다). 참여자들이 각자의 역할에 깊이 몰입하여 자기들의 생각을 이끌어내도록 격려하라. 역할극을 마치면 자기가 보고 느낀 것을 이야기할 기회를 주라. 사람들은 자발적으로 토론하는 과정에서 가장 많은 것을 배운다. 사역 팀원들이 대부분 '사람 중심적인 성향을 가졌다는 점을 기억하라. 그들은 이 과정에서 서로 가르치며 격려할 것이다.

마지막으로 각 그룹이 관찰한 것들 중에서 무엇이 핵심인지를 물어본 다음 전체 그룹이 이에 대해서 토론하도록 하라.

HELLO의 다섯 활동을 모두 마친 뒤에는 각 그룹이 HELLO의 모든 상황을 종합하여 마지막으로 역할극을 하게 하라.

이 활동은 무척 재미있게 할 수 있다. HELLO는 새가족 사역 팀원들이 교회 방문객들과 신실한 관계를 맺을 수 있도록, 임무와 권한을 부여하는 원리이자 기술을 가르치는 도구다. 이러한 훈련을 해둔다면 실제로 방문객들을 만났을 때 '하나님이 당신을 소중하게 여기시기 때문에 우리도 당신을 소중하게 여긴다'는 것을 잘 전달할 수 있을 것이다!

이 다섯 단계의 과정이 정형화된 것처럼 보일 수도 있지만, 사실 그것은 일상의 대화처럼 자연스럽게 이루어진다. 팀원들이 이 다섯 단계에 초점을 맞추도록 훈련해서 교회 방문객 모두와 인격적인 관계를 맺게 하라.

나는 내가 훈련 과정을 이끄는 것처럼 가정하고 다음과 같은 방법을 제시했다. 하지만 당신 교회의 상황에 맞게 이 자료를 부분적으로 또는 전체적으로 수정해서 사용하기를 권한다.

1단계: Hello (안녕하세요)

당신이 백화점에 가서 여기저기를 돌아보다가 마음에 드는 물건을 고른 후 계산대로 가져갔다고 가정해보자. 물론 당신은 물건값을 치른 다음 곧바로 그곳을 빠져나올 계획이다.

당신은 계산대로 간다. '계산대에 사람이 있네. 음, 괜찮은 곳이군.' 당신은 계산할 준비가 되었다. 그러나 판매원은 그렇지 않다. 그녀에게는 당신에게 돈을 받는 것보다 더 중요한 일이 있는 것처럼 보인다. 그녀가 영수증들과 장부를 살펴보고 있는 동안 당신은 계속 그 앞에서 기다리고 있다. 그녀는 너무 바쁜 나머지 당신에게 조금도 관심을 보이지 않는다. 당신은 한숨을 쉬며 고른 물건을 계산원 앞으로 좀 더 내민다. 그런데도 아무런 반응이 없다. 당신은 투명 인간 취급을 받는 느낌이다.

당신은 자기가 앞에 서 있다는 것을 그녀가 알아차리기를 바란다. 그녀가 "아, 안녕하세요. 잠시만 기다려주세요. 장부를 조금만 더 정리하고 난 뒤 바로 계산해드릴게요"라고 간단하게 말해주기를 바란다.

HELLO에서 H는 "안녕하세요" 하고 인사하는 것이다. 그것은 상대방의 존재를 알아차리고 인식하는 것이다. "어서 오세요." "반갑습니다." 표현에 관계없이, 상대방을 인식하고 있다는 간단한 표시는 "나는 당신에게 주의를 기울이고 있습니다. 잠깐만 기다려 주세요"라는 의미를 나타낸다.

그러나 안내자에게 주어진 임무가 단지 "안녕하십니까?"라고 말하면서 기계처럼 악수를 하는 것은 아니다. 안내자는 상대방을 사려 깊게 관찰하며 진심에서 우러나오는 태도로 대해야 한다. 반드시 상대방의 눈을 바라보아야 한다. 만약 어떤 방문객의 시선과 마주친다면 당신은 그에게 말을 건네거나 등을 살짝 두드리거나 손을 흔드는 행위로 환영해주어야 한다. (이 훈련을 할 때는 4장에서 언급한 보디랭귀지를 읽는 방법을 참고할 수 있다. 또한 이것을 주제로 몇 가지 역할극을 해볼 수 있다.)

교회 방문객들을 환영하는 자세는 현장에 모습을 드러내어 각 사람에게 개인적으로 초점을 맞추는 것이다. 교회에서 같은 팀원들이나 친구들과 보내는 시간은 얼마든지 따로 가질 수 있다. 방문객들을 섬길 때는 당신의 주의를 그들에게 온전히 집중시켜야 한다. 그들과 친밀한 관계를 맺는 것이 무척 중요하다.

어떤 물건을 사려고 마음먹고 가게에 들른 적이 있는가? 이를테면 당신이 단추로 앞을 채울 수 있는 하늘색 셔츠를 사려 한다고 해보자.

당신은 원하는 물건을 빨리 찾기 위해 다른 사람에게 도움을 청하기로 한다. 가게에 들어가니 세 명의 판매원이 한쪽에 모여서 한가롭게 잡담을 즐기고 있다. 그들은 손님이 와도 아랑곳하지 않고 자기들끼리 어울리고 있다. 그들의 원은 닫혀 있다. 반면 가게 다른 쪽에서는 한 명의 판매원이 혼자 스웨터를 정리하고 있다.

당신은 누구에게로 다가가겠는가? 서로 대화를 주고받는 세 명의 판매원들에게로 가고 싶은가, 아니면 혼자 스웨터를 정리하는 판매원에게로 가고 싶은가?

그렇다. 당신은 분명히 옷을 정리하고 있는 판매원에게로 가고 싶을 것이다. 그 이유는 무엇인가? 혼자 서 있는 그 직원이 당신을 더 편하게 받아줄 것 같기 때문이다. 당신은 다른 세 명에게 다가가려고 하지 않을 것이다. 그들의 즐거운 대화를 깨는 것은 별로 내키지 않기 때문이다.

그러므로 다른 팀원들과 어울리는 것이 당신의 사역을 방해할 수 있다. 교회 방문객들을 인식하기 위해서는 그들에 대해 열린 태도를 가져야 한다. 어떤 방문객은 누군가에게 질문을 하고 싶을 수도 있다. 만약 당신이 다른 팀원들과 대화를 나누는 데에만 정신이 빠져 있다면 그는 당신에게 질문하지 않을 가능성이 많다. (이제 당신 차례다. 앞에서 제안한 대로 당신의 그룹이 역할극을 해보도록 하라.)

> 교회 방문객들을 환영하는 자세는 현장에 모습을 드러내어 각 사람에게 개인적으로 초점을 맞추는 것이다.

2단계: Engagement (다가가서 관계를 맺으라)

교회 방문객에게 다가갔을 때는 진심이 담긴 태도로 자기를 소개하고, 인격적인 대화를 통해 질문하며, 진실한 관심과 그들에게 유용한 정보를 주어야 한다. 이 단계에서는 당신의 보디랭귀지가 무척 중요하다. 눈짓이나 몸짓으로 상대방에 대한 진정한 관심을 나타낼 때 보다 친밀한 대화를 나눌 수 있다.

진정성 있는 관심을 보이기 위해서는 보다 여유 있게 대처할 필요가 있다. 우리에게는 항상 해야 할 일이 있고 가야 할 장소가 있다. 그러나 필요한 순간에 사람들 옆에 있거나 그들에게 초점을 맞추려면 일하는 속도를 늦춰야만 한다. 당신이 사람들을 살펴보기 위해서 아무것도 하지 않고 그 자리에 서 있다는 것은, 사람들을 위해 자신의 시간을 낼 수 있다는 것을 보여준다.

어떤 교회 방문객은 당신이 입은 제복이나 이름표를 보고 당신에게 다가와서 이것저것 물어볼 수도 있다. 그런 경우가 아니면 당신은 교회 방문객에게 먼저 다가가야 한다. 예를 들면, 당신은 기저귀 가방을 메고 어린아이들을 여러 명 데려온 아기 엄마에게 다가갈 수 있다. 또는 방금 교회 문으로 들어선 가족이 마치 "우린 이 교회에 처음 왔는데요"라고 말하는 것처럼 어디로 가야 할지 몰라 가만히 서 있는 모습을 알아차릴 수도 있다.

누가 먼저 대화를 시작했든지 간에 당신이 먼저 자기를 소개하면서 인격적으로 대화를 이끌어가라. 당신이 먼저 자기가 누구인지 밝히면 그들도 자신의 이름을 말할 것이다. 이제 당신은 더 이상 그들에게 낯선 사람이 아니다.

관계가 좀 더 가까워지면 친밀한 대화를 할 수 있는 문이 열린다. 방문객들은 이제 당신의 교회와 인격적인 관계를 맺고 있다. 만약 뭔가 필요하거나 원하는 것이 있으면 그들은 누군가의 이름을 댈 수 있다. 방문객들은 처음에 자신이 교회와 무관한 관계라는 느낌을 가졌을 테지만, 이런 과정을 거치면서 그것이 점점 줄어들 것이다.

방문객들의 자녀를 포용하는 자세로 따뜻하게 대하면 관계가 더 깊어질 수 있다. 어린 자녀를 동반한 방문객과 만날 때는 무릎을 꿇고 어린아이들과 눈높이를 맞추라. 그들의 이름, 나이, 관심사를 물어보라. 그 가족에게 자녀의 연령에 맞는 주일학교를 소개하라. 부모들이 예배실에 들어가기 전에 교회가 자녀들을 잘 돌봐줄 수 있다는 신뢰감을 주라.

불필요하게 대화를 시도하거나 이야기를 오래 끌지 말라. 평범한 방문객들은 그런 상황에서 즉각적인 도움을 원하거나 간단한 말만 주고받으려 할 것이다. 그럴 때는 자연스럽게 대화하라. 그러지 않으면 오히려 역효과가 날 수 있다. 당신은 누군가의 행동이 "나는 이 교회에 처음 왔어요. 나를 도와주세요"라고 말하는 것처럼 느껴져서, 그 사람에게 재빨리 다가가 무엇을 도와줄지 물어볼 수 있다. 하지만 그는 당신의 행동을 보며 음식점에 들어서자마자 무슨 음식을 주문할지 물어보는 종업원을 연상할 수 있다. 또한 당신의 목적은 교회 문을 들어서는 모든 사람과 긴 대화를 나누는 것도 아니다. 당신의 목적은 환영하는 분위기를 조성하는 것이며, 그렇게 함으로써 교회 방문객과 관계를 맺고 따뜻하면서도 진실한 교제를 나누려는 것이다. (이제 당신 차례다. 앞에서 제안한 대로 당신의 그룹이 역할극을 해보도록 하라.)

> 당신이 사람들을 살펴보기 위해서 아무것도 하지 않고 그 자리에 서 있다는 것은, 사람들을 위해 자신의 시간을 낼 수 있다는 것을 보여준다.

3단계: Listen (들으라)

"하나님이 사람에게 입은 하나 귀는 두 개를 주신 이유가 있다. 말하는 것보다 듣는 것에 두 배의 노력을 기울이라는 뜻이다." 누구에게인가 전해들은 이야기다. 그것이 정말 하나님의 의도인지는 모르겠지만, 그렇게 할 때 우리의 인간관계는 확실히 더 풍성해진다.

상대방의 말을 효과적으로 듣기 위해서는 그 사람과 적절하게 눈을 맞추어야 한다. 커뮤니케이션 전문가 버트 데커는 눈을 마주치는 것을 통해 상대방에게 세 가지 'I' 중 하나를 전달할 수 있다고 말한다. Involvement(관계 맺기), Intimacy(친밀감), Intimidation(위압감)이다. 그는 5~10초 동안 시선을 마주치는 것은 교제를 하기에 적절한 시간이라고 한다. 그보다 더 오랫동안 바라보는 것은 친밀감 또는 위압감을 준다는 것이다.[2] 적절하게 시선을 줌으로써 당신은 교회 방문객들과 편안한 관계를 맺을 수 있다. 자연스럽게 시선을 마주치며 듣는 행동은 내가 당신에게 관심이 있고, 당신의 말에 공감하며, 당신에게 집중하고 있다는 것을 나타낸다.

당신의 눈은 누군가와 관계를 맺는 도구가 된다. 또한 당신의 행동은 상대방에 대한 관심을 잘 표현해준다. 예를 들어, 당신이 누군가의 말을 들을 때 팔짱을 끼고 있다면 이는 관심 부족이나 거부감 등을 나타낼 수 있다. 상대방에게서 좀 떨어져 벽에 기댄 채로 이야기를 듣는 것은 소극적인 태도를 보여준다. 그리고 양손을 허리에 올리는 행동은 위협적인 태도로 비칠 수 있다.

당신은 편안하고 개방적인 태도를 가져야 한다. 손은 뒤쪽으로 빼지 말고 몸 앞쪽에 두는 것이 좋다. 만약 당신이 서 있다면 되도록 양손을 주머니에 넣지 말라. 이것은 팔짱을 낀 자세처럼 상대방에게 '닫힌 마음'으로 해석될 수 있다. 대체로 상대방과 약 60센티미터 정도의 거리를 유지하면 그에게 편안하고 안전한 느낌을 줄 수 있다. 그러나 교회 방문객들의 행동을 살펴보면서 그들이 원하는 만큼 거리를 유지하고 그 경계를 계속 지켜주는 것이 바람직하다.

상대방의 말을 제대로 듣지 않아서 진심이 왜곡되는 경우가 있다. 우리 중 대부분은 너무 바빠서 사람들의 말에 제대로 귀를 기울이지 못한다. 우리가 "안녕하세요"라고 말하면서 지나쳐 버린다면 그것은 상대방의 이야기를 듣고 싶다는 뜻이 아니다. 그러나 가던 길을 멈추고, 시선을 마주치면서 교회 방문객들에게 주의를 집중한다면 우리는 그들에게 큰 선물을 주는 것이다. (이제 당신 차례다. 앞에서 제시한 대로 당신의 그룹이 역할극을 해보도록 하라.)

4단계: Listen Some More (더 들으라)

우리는 방문객들의 말에 귀를 기울이면서 거기에 반응해주어야 한다. 그러기 위해서는 불필요한 말을 줄일 필요가 있다. 또한 상대방이 나의 질문에 대답하면, 내가 들은 내용을 다시 한 번 확인하는 차원에서 되풀이해주는 것도 좋다. 이는 경청의 기술이며, 이것을 연마하려면 꾸준히 연습해야 한다.

교회 방문객의 말에 제대로 귀를 기울이지 않아서 불운한 결과를 초래한 사례를 하나 들어보겠다. 제니는 토요일 저녁에 한 교회로 들어가서 자기를 맞이해준 사람에게 물었다. "오늘 저녁 미사는 몇 시에 있나요?"

환영 팀 봉사자인 베스는 제니가 종교적인 단어를 잘 알고 있는 상태에서 그런 질문을 했다고 짐작했다. 그래서 이렇게 답했다. "우리 교회에는 미사가 없습니다."

그 답을 들은 제니는 얼른 교회를 빠져나왔다. 그녀는 정말 가톨릭교회에서 미사를 드리고 싶은 마음으로 그 교회를 빠져나온 것일까? 아니면 그 교회에 저녁 예배가 없다는 뜻으로 이해하고 그곳을 떠난 것일까? 우리는 알 수 없다. 다만 베스가 제니의 질문에 성급하게 대답하는 것이 아니라 상대방의 의도를 추측하면서 조금 더 여유를 가지고 대화를 이끌어나갔다면, 상황은 다르게 전개될 수 있었을 것이다.

"오늘 저녁 미사는 몇 시에 있나요?"

"안녕하세요. 어서 오십시오. 질문에 답을 드리기 위해서 제가 몇 가지 확인해도 될까요? 아참! 그리고 제 이름은 베스예요."

이런 분위기에서는 제니도 자기를 소개할 것이고, 이를 통해 그들은 가까운 사이가 될 수도 있을 것이다.

"제니, 혹시 가톨릭교회의 미사나 성만찬을 말씀하시는 건가요, 아니면 개신교의 일반적인 예배를 말씀하시는 건가요?"

이렇게 물어보았다면 아마 제니는 "아, 미안해요. 여기서는 미사를 뭐라고 부르는지 몰라서 그렇게 물어봤어요. 저는 어릴 때 성당에 다녔거든요. 그냥 예배 시간이 언제인지 알고 싶어서 물어본 거예요"라든가 아니면 "오! 알겠어요. 나는 가톨릭교회의 영성체를 물어본 거예요"라고 대답했을 것이다. 둘 중에 어떤 경우가 되었든, 베스는 제니가 무엇을 원했는지 정확하게 알 수 있었을 것이고 그녀에게 적절한 도움을 줄 수 있었을 것이다.

베스는 자신이 제니의 말을 제대로 이해했는지 확인하는 질문을 하지 않았다. 첫인상 사역에서 이런 식의 잘못된 의사소통이 일어나서는 안 된다. 확인하는 질문을 하면 사실을 명확하게 규명할 수 있고, 느낌을 드러낼 수 있으며, 서로의 마음을 열어준다. 상대방의 질문을 제대로 이해했는지 확인하기 위해 상대방의 질문 내용을 다시 한 번 반복하는 것은, 우리가 잘못 이해한 부분을 상대방이 교정해주거나 또는 우리가 제대로 알아들었다는 것을 확인시켜줄 수 있다. 이 두 가지 기술, 즉 물어보는 것과 반복하는 것은 새가족 사역을 성공적으로 이끌기 위해 반드시 필요한 요소다. (이제 당신 차례다. 앞에서 제시한 대로 당신의 그룹이 역할극을 해보도록 하라.)

5단계: Offer Assistance (도움을 주라)

교회 방문객에게 무엇이 필요한지 이해했다면 당신은 그에게 도움을 줄 준비가 된 것이다. 물론 그를 어떤 식으로 도와줄 것인가는 당신에게 부여된 책임과 그가 원하는 것이 무엇인지에 달려 있다. 당신은 일정한 장소에 서서 사람들을 섬길 수 있다. 당신이 새가족 정보 센터에서 섬긴다면 자리를 비우기 어려울 것이다. 만약 당신이 어떤 가정을 주일학교로 안내한다면 그동안 다른 방문객들은 섬김을 받을 수 없기 때문이다.

교회 방문객의 요청에 응할 때 두 가지 우선순위를 기억하라. 첫째, 당신이 개별적으로 도움을 줄 수 있다면 그렇게 하라. 당신이 잠시 자리를 비워야 한다면 다른 팀원이 당신 자리를 대신하도록 하라. 둘째, 다른 팀원에게 교회 방문객을 돕도록 요청할 생각이라면, 그에게 방문객을 직접 소개하라. 방문객이 같은 말을 되풀이하지 않도록 하라. 방문객이 그 팀원을 신뢰할 수 있도록 현재 어떤 조치가 필요한지 그 팀원에게 설명해주라.

두 가지 중 어떤 경우든지 방문객이 찾는 장소를 말로만 알려주지 말라. 항상 당신 또는 다른 팀원이 그들을 직접 안내해주어야 한다. 손가락으로 가리키는 것은 좋지 않다. 방문객이 주일학교를 찾든지 또는 서점이나 화장실을 찾든지 항상 그들을 그곳까지 안내하라.

당신은 큰 백화점에서 화장실이나 특정 물건이 어디 있는지 물어본 적이 있는가? "이 통로를 쭉 따라가다 보면 저쪽 모퉁이에 분홍색 블라우스가 걸려 있어요. 아시겠죠? 거기서 왼쪽으로 돌면 초록색 카펫이 있는데, 거기서 오른쪽으로 쭉 가다 보면 란제리 코너가 있습니다. 거기에 서서 왼쪽을 보면 엘리베이터가 있을 겁니다. 엘리베이터를 타고 2층에서 내린 다음, 빨간 타일과 하얀 타일로 된 길을 따라가세요. 그러면 가전제품 코너가 보이는데, 거기서 다시 오른쪽으로 돈 다음 계속 가다 보면…."

"예? 뭐라고요?"

하던 일을 멈추고 방문객들을 그들이 원하는 목적지까지 안내해주라. 절대로 이리저리 가라고 말로만 가르쳐 주지 말라. 목적지가 아무리 가깝더라도, 아무리 찾기 쉽더라도 그렇게 하지 말라. 사람들은 이처럼 인격적인 대우를 받을 때 감동한다. 자신을 위해 시간을 들이며 배려하는 모습에 감탄하는 것이다.

조지 소퍼는 인디애나 주 사우스밴드에 있는 메모리얼 병원 부원장이다. 메모리얼 병원은 미국에서 소비가 만족도가 가장 높은 병원이며, 그는 이곳에서 홍보를 담당한다. 조지는 병원을 방문한 손님들과 대화를 할 때 항상 "제가 더 도와드릴 게 없나요?"라는 말로 대화를 마무리한다. 조지는 여기에 더하여 "저는 시간이 많거든요"라는 말을 덧붙인다. 이 말은 간단하지만 참으로 깊이 있는 말이다.

"제가 더 도와드릴 게 없나요? 저는 시간이 많거든요."

병원 방문객들에게는 "제가 더 도와드릴 게 없나요? 저는 시간이 많거든요"보다 더 가치 있는 말은 없다. 이 말을 활용하라.
(이제 당신 차례다. 앞에서 제시한 대로 당신의 그룹이 역할극을 해보도록 하라.)

사역의 일관성을 유지하라

상표화(branding)의 개념에 대해 토론하면 훈련생들에게 일관성이 왜 중요한지 이해시킬 수 있다. 훈련생들에게 아래 단어들에서 무엇이 떠오르는지 물어보라.

- 스우시(swoosh)
- 불스아이(red and white bull's eye)
- 골든 아치(golden arches)
- 와퍼(whopper)
- 라테(latte)

만약 이 단어들에서 떠오르는 이미지를 기업과 연관시켜보라고 한다면, 훈련생들은 순서대로 나이키, 타깃(Target, 미국의 유명한 할인 매장), 맥도날드, 버거킹, 스타벅스라고 답할 것이다. 이처럼 상표는 소비자가 기업의 이름을 분명히 인식하게 한다.

이름에 대한 인식이 곧 평판이다. 만약 당신이 나이키 매장에서 산 신발 한 켤레가 편하고 내구성이 뛰어나며 가격도 적절하다면, 나이키는 당신에게 신뢰를 얻는다. 이와 반대로 당신이 나이키 제품에 여러 번 실망했다면, 다시는 그 상표가 붙은 물건을 사지 않을 것이다.

교회 방문객들은 다른 사람들에게 자기의 경험을 이야기하며 당신의 교회를 평가할 것이다. 당신의 교회에 한 번도 와본 적이 없는 사람들은 그들의 이야기를 듣고 당신 교회에 대한 선입관을 갖게 된다.

모든 사역 팀이 일정한 기준에 따라 탁월하게 일할 때 사람들에게 좋은 평판을 얻게 되며, 그것이 명성으로 굳어진다. 이는 곧 '일관성'이다. 첫인상 사역 팀의 팀원들이 6주 동안 순번을 따라 섬기면서 각각 자기만의 문화를 조성하고, 새가족 정보 서비스 센터를 각자의 방식으로 운영하며, 서점에 방문한 사람들을 나름의 기준으로 섬긴다면, 이 사역에는 일관성이 없어진다. 교회 방문객들이 어느 월요일에는 교회에 대해 좋게 평가했다가 그다음 주 월요일에는 다르게 말한다면, 사람들은 그 교회를 신뢰하지 못할 것이다. 또한 방문객들은 교회에서 만족을 느끼지 못할 것이며, 교회에 깊이 뿌리내리려고 하지도 않을 것이다.

일관성은 '교회에 다시 오게 만드는 법칙'이기 때문에 매우 중요하다. 이 법칙에 따르면 방문객들이 조직에 속한 개인과 마주치는 것은 마치 그 조직 자체와 마주치는 것과 같다.

나와 아내는 몇 년 전 플로리다 주의 메리어트 호텔에서 경험한 일을 통해 이 법칙을 잘 이해하게 되었다. 객실 안내원으로 일하는 스티브는 우리의 짐을 방까지 가져다주면서 우리의 여행과 가족, 짐 가방에 대해 이런저런 질문을 했다. 그렇게 대화를 나누다 보니 그는 우리가 결혼 20주년을 맞이한 기념으로 여행을 왔다는 사실을 알게 되었다. 그날 저녁 스티브는 우리 방으로 과일, 초콜릿, 샴페인을 담은 바구니를 보냈다. 뜻밖의 선물을 받고 우리는 무척 감동했다!

후년에 우리는 인디애나폴리스의 웨스틴 호텔을 방문했다. 그때 마케팅 및 영업 이사인 가필드는 우리가 결혼 22주년을 맞이했다는 것을 알게 되었다. 그도 스티브와 비슷한 방법으로 우리의 기념일을 축하해주었다. 그날 저녁 5시쯤 우리 방으로 딸기 초콜릿과 시원한 음료를 보낸 것이다.

위의 두 경우는 한 개인이 자신만의 방법으로 우리를 특별하게 대우해준 것이다. 그렇지만 나와 아내는 메리어트 호텔과 웨스틴 호텔이 우리를 그런 식으로 사려 깊게 대우해주었다고 사람들에게 이야기했다. 우리 부부에게 스티브는 메리어트 호텔이었고 가필드는 웨스틴 호텔이었다.

방문객들이 당신 교회의 새가족 사역 팀에 속한 사람과 마주쳤을 때, 방문객들은 그를 교회 그 자체라고 생각한다. 그가 누구인지는 안중에 없다. 따라서 우리는 첫인상 사역 팀원들에게 말한다. "여러분은 그레인저 커뮤니티 교회입니다. 여러분이 미소를 지을 때 우리 교회 방문객들은 '정말 친절한 교회구나!'라고 생각할 것입니다. 여러분이 경청하는 자세와 따뜻한 섬김으로 사람들을 감동시킬 때 그들은 교회가 자신을 배려한다고 생각할 것입니다. 여러분이 바로 교회입니다."

물론, 이 말은 부정적인 경험에서도 동일하게 적용된다. 어떤 봉사자가 교회 방문객들에게 무관심하거나 그들의 말에 귀를 기울이지 않거나 그들의 요청을 들어주지 않았다면, 그들은 교회의 분위기가 몹시 냉랭하며 찾아온 사람들을 배려하지 않는다고 생각할 것이다.

당신이 이 사역을 위해 SHAPE를 갖춘 사람들을 뽑은 다음, 그들에게 관심을 보이며 훈련하고 지도할 때 당신에게는 그리스도의 이름을 영화롭게 하는 상표가 주어질 것이다. 그리고 그 상표의 가치는 매주 월요일마다 더욱 확고해질 것이다.

단순 복제가 아니다

상표화에 대한 이야기를 무엇을 복제하라는 뜻으로 받아들이면 곤란하다. 이는 사람들이 로봇처럼 규격화된 행동을 하도록 만들라는 것이 아니라, 주인의식과 일관성을 훈련하라는 뜻이다. 당신의 팀에 속한 각 사람들이 사명과 비전과 가치 그리고 사역의 목적에 대해 각자의 지분을 갖도록 하는 것이다. 개인의 특성에 따라 이 주인의식은 독특한 방식으로 드러난다. 그러나 그것들을 전반적으로 살펴보면, 환영하고, 돌보고, 따뜻하게 대하는 모든 사역은 일관성을 갖게 된다.

바울은 고린도전서 12장 7절에서 "각 사람에게 성령을 나타내심은 유익하게 하려 하심이라"라고 했다. 유진 피터슨은《메시지》에서 이 구절을 다음과 같이 풀어 썼다. "누구나 할 일을 얻어 하나님이 어떤 분이신지 알릴 수 있습니다. 누구나 그 일에 참여할 수 있고 누구나 유익을 얻을 수 있습니다. 성령께서는 온갖 선물을 온갖 부류의 사람들에게 나눠 주십니다! 그 다양성이 놀랍습니다."

당신의 팀이 진정성을 유지하도록 격려하라. 개인의 독특성은 각 팀에게 주어진 놀라운 자산이다. 당신의 팀이 사역에 대한 주인의식을 가졌고, 그 이유가 팀원들이 그 섬김에 적합하도록 연합되었기 때문이라면, 그들의 사역은 사람들을 크게 감동시킬 것이다.

꾸준한 훈련으로 일관성을 유지하라

나는 우리가 이 장에서 다룬 모든 훈련들을 당신 교회 팀원들에게 따로 시간을 내어 실시하도록 권장하고 싶다. 당신 교회 사역 팀에 대한 훈련은 대부분 정해진 사역 일정 외의 시간에 이루어질 것이다. 진정한 일관성과 탁월한 결과는 현장 훈련과 적시 훈련을 통해 얻을 수 있다.

현장 훈련과 적시 훈련은 아주 작은 소그룹에서 이루어질 수도 있지만 대부분은 일대일로 진행된다. 이런 훈련은 지정된 장소에서 관계를 통해 실시되며, 훈련을 할 때마다 칭찬을 아주 많이 해주어야 한다. 보다 많은 자료는 그레인저 교회의 자료실(wiredchurches.com)에서 얻을 수 있다.

칭찬도 훈련이다

칭찬은 아무도 보는 사람이 없을 때 일대일로 하는 것이 제일 좋다. 그러나 대규모 행사에서 당신의 사역 팀들에게 영예를 안겨주는 것도 잊지 말라. 매년 우리 교회에서는 첫인상 사역 팀들을 위해 큰 파티를 연다. 각 팀과 개인 그리고 전체 사역이 낳은 성과를 기념하며 축하 행사를 갖는 것이다. 우리는 재미있었던 일들, 모범적인 헌신 사례, 교회 방문객들에게 베푼 가장 탁월한 섬김에 대해 상장을 수여한다. 이러한 행사는 다가오는 해를 맞이하면서 비전을 새롭게 하며, 사역의 지침을 견고히 할 수 있는 아주 좋은 기회다.

여유를 가지라. 사람들을 사랑하라. 그들을 축하해주고 그들에게 영예를 안겨주라.

한 걸음 더 나아가기

1 최근 당신 교회의 리더들은 교회 방문객들을 어떻게 생각하는가?

2 어떻게 교회의 리더들이 선입관을 버리고 교회 방문객들을 있는 모습 그대로 보도록 도울 수 있을까?

3 교회 방문객들에게 부담을 주지 않으면서 관심과 배려를 보일 수 있는 방법이 있는가? 그것은 현재 당신 교회가 사용하는 방법과 어떻게 다른가? 비교해보라.

우리 교회 방문객은 어떤 사람들인가?

아래의 질문들을 사용하여 우리 교회 방문객을 정의하라. 이웃, 친구, 직장 동료, 동호회 회원, 자녀 친구의 가족 등을 떠올릴 수 있다. 당신의 그룹에 아래와 같은 질문을 한 다음, 사람들이 답한 내용을 토대로 그림을 그려보라. 이때 미술에 재능이 있는 사람 한두 명의 도움을 받는 것이 좋다.

- 그는 어떤 직업을 가지고 있습니까?

- 그는 무엇을 할 때 즐거워합니까?

- 그는 어디서 쇼핑을 합니까? 쇼핑을 할 때 중요하게 생각하는 점은 무엇입니까?

- 그의 친구들은 누구입니까? 얼마나 깊은 우정을 맺고 있습니까?

- 그의 나이는 몇입니까?

- 그는 결혼을 했습니까, 아니면 미혼입니까?

- 그는 학생입니까? 어느 학교에 다닙니까? 무엇에 관심이 있습니까?

- 그의 가족 사항은 어떻습니까? 자녀가 있습니까? 있다면 어느 학교에 다닙니까? 학교 수업 외에 어떤 활동을 하고 있습니까?

- 그의 목표와 꿈은 무엇입니까?

- 그는 지난주에 교회에 왔습니까?

- 그의 마음을 가장 많이 차지하고 있는 것은 무엇입니까? 그의 걱정거리나 두려움은 어떤 것입니까?

- 그에게 어떤 도움이 필요할 것 같습니까?

8
주보만 바꿔도 첫인상이 달라진다

마음을 끄는 홍보물 만들기

First Impressions

"고객들이 상표를 그 기업의 정신으로 여길 만큼
상표는 일관성이 있어야 한다."[1]

그들은 교회를 읽는다

방문객들은 교회에서 만든 인쇄물을 통해 그 교회를 경험한다. 때로는 이것들이 교회의 첫인상을 결정짓기도 한다. 당신은 방문객들이 인쇄물을 보고 어떤 느낌을 받을 것인지를 미리 생각해봐야 한다.

주보, 광고지, 표지판, 로고 등이 사람들에게 교회의 비전을 전달해주지 못한다면 그것은 단지 인쇄된 활자에 불과하다. 인쇄물을 만드는 작업은 교회의 목적을 언급하는 데서 시작해야 한다. 미디어 기술과 마케팅 전문 기업인 A그룹의 대표이사 마우리오 아모림은 이렇게 말한다. "어떤 브랜드를 구축하기 전에 우리는 그 브랜드가 소비자에게 어떤 메시지를 줄 것이며 그 브랜드의 차별화된 위치가 무엇인지를 알아야만 한다. '우리는 교회다. 그것이 우리의 차별화된 위치다'라고 항변할지도 모르겠다. 그러나 '교회'라는 범주에 속한 여러 교회들 중에서 당신의 교회만이 가진 고유한 정체성과 부르심과 주목하는 대상과 열정이 어떤 것인지, 적어도 당신 교회의 독특성이 무엇인지 정도는 규정되어야 한다. 이는 당신이 계속해서 나누어야 할 메시다. 당신이 의사소통을 할 때 언제나 이것을 드러내야 한다."[2]

물론 교회의 분위기를 주도하는 것은 사람이며 이 사실에는 의심의 여지가 없다. 그러나 교회 방문객들이 당신 교회에 들어섰을 때, 그들은 사람을 만나기 전에 먼저 표지판부터 본다. 그들은 당신 교회의 웹 사이트에 들어가본다. 그들은 교회 신문이나 광고지를 읽으며 당신 교회에 대해 알아본다. 방문객들은 교회에 오자마자 비치된 인쇄물들을 보면서 교회에 대해 좀 더 구체적으로 '읽을 것'이다. 당신의 교회에서 발행한 인쇄물들을 읽으면, 당신의 교회에 대해 더 잘 알 수 있는가?

물론 교회의 이름이 중요하다. 그러나 이름은 이미 정해져 있을 가능성이 많다. 교회의 이름 외에, 인쇄물을 통해서 교회의 정체성을 드러낼 방법은 무엇인가? 교회의 정체성을 어디에 어떻게 표시해야 하는가? 당신의 교회에서는 로고를 사용하는가? 그 로고는 무엇을 나타내는가? 당신 교회를 상징하는 도형, 문자, 기호 등은 무엇을 나타내는가? 당신 교회에서 발행하는 인쇄물에는 어떤 내용이 실려 있는가? 교회 방문객들은 이 인쇄물들을 읽으면서 무엇을 느낄 것 같은가? 그들이 거기서 당신 교회의 진정한 얼굴을 볼 수 있는가?

교회 방문객들은 주보, 광고지, 소식지 등을 집으로 가져가기도 한다. 그것이 그들에게 깊은 인상을 줄 수 있다. 인쇄물에 실린 내용들은 당신 교회의 생각을 대변해준다. 교회 방문객들은 인쇄물을 읽으면서 당신 교회가 중요하게 여기는 것이 무엇인지를 나름대로 이해한다. 아모림은 이렇게 덧붙인다. "지금까지 우리가 교회에서 했던, 마케팅이라 부를 수 있는 일들은 단순한 의사소통에 불과했다는 사실을 기억해야 한다. 예수께서는 누가복음 14장 23절에서 길과 산울타리 가로 나가서 사람을 강권하여 데려다가 내 집을 채우라고 명령하셨다. 마케팅에서 브랜드를 구축하는 일은 신중하고, 체계적이고, 일관적으로 해야 한다." 그렇기 때문에 당신 교회의 사명, 비전, 가치, 목적, 특징이 인쇄물에 정확하게 실려야 한다.

• 여러 교회에서 종종 발생하는 문제 가운데 하나는 각각의 사역들이 개별적으로 운영됨으로써 교회 전체의 메시지가 퇴색되는 것이다.

인쇄물의 형식을 통일하라

당신은 교회 사역과 관련된 모든 내용을 인쇄물에 실으려고 하지는 않을 것이다. 그러나 방문객들에게 알려주고 싶은 것이 최소한 한두 가지는 있기 마련이다. 여러 교회에서 종종 발생하는 문제 가운데 하나는 각각의 사역들이 개별적으로 운영됨으로써 교회 전체의 메시지가 퇴색되는 것이다. 그런 상황에서 방문객들은 그 교회의 공통적인 사명이 무엇인지 알기 어렵다.

나는 미시간 주에 있는 한 교회에 방문했다가 그 교회의 선교 및 구제 사역 안내 소책자가 지나치다 싶을 만큼 눈에 띄는 것을 보았다. 그 소책자는 광택이 나는 종이에 컬러로 인쇄했으며 본문 곳곳을 화려한 색깔의 그림으로 장식했다. 전시용으로는 더할 나위 없을 만큼 품질이 좋고, 고풍스러운 분위기가 느껴지는 소책자였다. 하지만 그것과는 대조적으로 소그룹 사역 안내지와 주일학교 사역 안내지 그리고 주보는 각각 다른 색의 종이에 인쇄되어 있었으며, 색깔도 검은 글씨와 회색 음영이 전부였다. 이

> 교회의 각 사역이 사람들의 관심을 끌기 위해 서로 경쟁하는 것을 방치하지 말라. 그런 상황은 교회의 우선순위를 불확실하게 만드는 결과만 초래할 뿐이다.

러한 불균형을 지켜보며 나는 아래와 같은 생각이 들었다.

첫째, '이것이 교회의 핵심 메시지를 사람들에게 전달하기 위해 구성원 전체가 논의하고 합의한 결과인가?'라는 의문이 들었다. 이 교회는 다른 사역들보다 선교 및 구제 사역을 특별히 강조하기 위해 그처럼 화려한 소책자를 만들었을까? 만약 그렇다면 그들은 목표를 달성한 것이다.

둘째, 이 교회에는 인쇄물 제작을 총괄하는 주체가 없어서 제작의 일관성이 없고 결과물도 제각각이라는 생각이 들었다. 아마도 선교부에서 유능한 팀원들을 확보하고, 이들을 통해 선교부의 메시지를 탁월하게 드러내는 소책자를 만들었을 것이다. 그 교회가 정말 선교를 중요하게 생각한다면, 교회 전체적인 차원에서 선교에 대한 중요성을 최대한 잘 전달할 수 있는 방법을 재고해봐야 할 것이다.

당신 교회의 모든 사역은 교회의 사명과 비전을 이루어나가기 위해 존재한다. 교회의 로고와 주보, 기타 인쇄물에 실린 메시지들이 잘 어우러져 시너지 효과를 내는 것이 중요하다. 당신 교회에 이런 일들을 해낼 전문가들이 있는지 찾아보라. 교회의 각 사역이 사람들의 관심을 끌기 위해 서로 경쟁하는 것을 방치하지 말라. 그런 상황은 교회의 우선순위를 불확실하게 만드는 결과만 초래할 뿐이다.

만약 당신 교회의 사역들이 자기만 돋보이기 위해 서로 경쟁

한다면 누가 어떤 사역을 지원할 것이냐의 문제로 혼란을 겪을 수 있다. 교회 내의 특정 사역을 지원하고 돕기 위해 교회가 존재한다고 생각한다면, 당신은 교회의 사명과 우선순위를 다시 정리해야 한다. 이렇듯 큰 문제들은 커뮤니케이션 팀의 전략만으로는 교정될 수 없을 것이다.

당신 교회의 사명을 전체적으로 재정립하고, 비전을 분명하게 하며, 모든 사역을 다시 재배열해서 그 사역들이 교회의 공통 사명과 비전을 위해 총력을 기울이도록 임무를 주라. 그러면 우선순위가 결정되고 시너지 효과도 일어날 것이다. 이 시기에는, 이번 달에는, 이번 주에는 어떤 이야기들을 집중적으로 강조해서 인쇄물에 실을 것인가? 당신 교회 커뮤니케이션 팀이 교회의 우선순위가 무엇인지를 유념하면서 각 사역을 돕도록 지침을 주라. 일관된 목소리로 하나의 이야기를 분명하게 전달하라.

독자가 우선이다
교회의 인쇄물을 제작할 때는 그 인쇄물을 읽을 독자들을 염두에 두라. 만약 당신이 주일 예배에 오는 사람들을 대상으로 인쇄물을 제작한다면, 그 내용의 초점을 교회에 처음 방문하는 사람들에게 맞춰야 한다.

교회 방문객들이 당신 교회의 사명과 비전에 대해 관심을 가지고 있는가? 그들의 관심사와 필요는 무엇인가? 그들이 알고 싶어 하는 것은 무엇인가? 어떻게 해야 그들에게 편안한 느낌을 주어 그들이 다시 교회를 찾아오도록 할 수 있을까? 어떻게 해야 방문객들에게 거리감을 주지 않는 인쇄물을 만들 수 있을까? 기존 신자들은 물론 방문객들에게도 친근감을 줄 수 있도록 어떻게 인쇄물의 내용과 어휘들을 선정할 것인가?

바울은 이에 대해 다음과 같이 말한다. "각각 자기 일을 돌볼 뿐더러 또한 각각 다른 사람들의 일을 돌아보아 나의 기쁨을 충만하게 하라"(빌 2:4). 바울은 선견지명이 없는 우리의 성향에 대해 언급한다. 그런 다음 우리를 향한 사랑 때문에 자신의 권리와 특권을 포기하신 예수님의 본을 제시한다. "너희 안에 이 마음을 품으라 곧 그리스도 예수의 마음이니"(빌 2:5). 우리는 이 진리를, 교회 방문객들과의 관계를 포함한 우리의 모든 인간관계에 적용해야 한다.

나는 최근 어떤 교회에 갔다가 그곳에서 발행한 소책자에 사명, 소그룹, 구제 사역, 교인 등록에 관한 내용이 실려 있는 것을 보았다. 그런데 소책자의 내용이 그 교회를 충분히 설명해주지 못하는 것 같았다. 인쇄물의 디자인은 무척 조잡했으며, 그 내용도 교회 방문객들과는 거리가 멀었다.

그들이 이해할 수 있는 말로 쓰라

교인들과 의사소통할 때 교회라는 특수 환경에서만 통용되는 용어는 쓰지 않는 것이 좋다. 그래서 교회가 방문객들을 항상 고려하고 있다는 것을 보여주라. 이는 교회를 사교 모임 장소로 삼으려는 의도가 아니다. 방문객들과 만났을 때 교회에서만 사용하는 용어를 쓰고 성도들끼리만 공감하는 주제로 대화를 이끌어나간다면 이는 배려심 없는 행동이다. 예수님은 이런 것을 종교라고 불렀고 그런 행동들에 대해 매우 엄중히 책망하셨다.

마태복음 9장 13절에서 예수님은 "너희는 가서 내가 긍휼을 원하고 제사를 원하지 아니하노라 하신 뜻이 무엇인지 배우라 내가 의인을 부르러 온 것이 아니요 죄인을 부르러 왔노라 하시니라"라고 말씀하셨다. 예수님은 거룩한 담장 밖에 있는 외인들이 환영 카펫을 밟고 들어와 예수님 안에서 참생명을 얻도록 초청하셨다. 마태복음 11장 28절 말씀을 묵상해보라. "피곤한가? 지쳤는가? 종교 생활로 인해 탈진했는가? 나에게로 오라. 나와 함께하면 생명을 다시 회복하리라. 내가 너희에게 참쉼을 얻는 길을 보여주리라"(메시지). 사람들을 초청하라. 교회 안에서만 이해할 수 있는 특정 언어를 사용하지 말라.

공과 공부, 영적으로 성숙한, 세상적인, 교회 연합, 제자도 등과 같이 교회에서 자주 쓰는 특정 용어들에 대해 생각해보라. 이러한 말들이 교회 방문객들에게 친근감을 주는가 아니면 소외감을 주는가? 이런 용어가 행여 방문객들이 전에 다니던 교회에서 받은 상처를 건드리지는 않을까?

교회에 관련된 글을 쓸 때는 평범한 사람들이 이해할 수 있는 단어들을 사용하라. 나는 백화점 소식지나 지역 신문 등에서 자주 볼 수 있는 단어를 쓰라고 권한다. 그렇게 한다고 해서 하나님과 교회 그리고 사명에 대한 경외심이 깎이는 것은 아니다. 핵심은, 교회 방문객들의 마음에 다가갈 수 있도록 글을 쉽고도 명료하게 쓰는 것이다.

품질이 곧 비용은 아니다

모든 인쇄물을 탁월한 수준으로 만들려고 노력하라. 만약 인쇄물의 디자인이 조잡하고, 오자가 가득하며 모호한 내용이 많다면, 사람들은 당신 교회에 의혹의 눈길을 보낼 것이다. 탁월한 인쇄물을 만드는 데 꼭 많은 돈이 필요한 것은 아니다. 질 좋은 종이에다가 컬러로 인쇄해야만 사람들의 눈길을 끌 수 있는 것은 아니다. 하얀 종이와 검정 잉크만 가지고도 얼마든지 탁월한 주보를 만들 수 있다. 공간을 여유 있게 잡고, 알아보기 쉽도록 명확한 글씨로 오자 없이 만든다면 교회 방문객들과 성도들은 커다란 유익을 얻게 된다. 교회의 목적이 무엇인지, 무슨 행사가 있는지 잘 파악할 수 있을 것이다. 이것이 인쇄물을 만드는 진정한 목적 아닌가?

주보만 바꿔도 첫인상이 달라진다

당신 교회의 주보에는 어떤 특색이 있는가? 만약 '기존 성도들'을 대상으로 하는 항목에는 M(Members)을 표기하고 방문객을 위한 안내가 담긴 곳에는 G(Guests)를 표기한다면 대상층이 명확해질 것이다. 모든 이에게 다 해당되는 항목에는 B(Both)를 사용할 수도 있다. 그 외에도 도표나 여러 가지 이미지를 넣으면 보다 효과적으로 메시지를 전달할 수 있다.

어떤 항목에 G 또는 B를 표기해야 할까? 교회 재정 보고나 제직회가 열리는 날짜 옆에도 표기해야 할까? 지난주 유아세례식에 몇 명이 참석했는지에 대한 보고에도 표기해야 할까? 당신이 중요하다고 생각하는 항목들 중에서 실제로 교회 방문객들이 알고 싶어 하는 것들은 무엇인지 생각해보라.

예배 참석자 수, 예산 집행 현황, 재정 보고 등과 관련해서 당신의 교회를 방문한 사람들이 관심을 가질 만한 항목은 무엇인가? 물론 그들도 관심이 있을 수 있다. 그러나 당신은 왜 이런 항목들을 주보에 넣는지 생각해본 적이 있는가? 그런 내용들은 얼마든지 다른 방법으로 기존 성도들에게 알려줄 수 있지 않은가? 그런 내용들이 교회 방문객들에게 도움을 주는가 아니면 오히려 방해가 되는가?

교회 방문객들이 읽으면 소외감을 느낄 만한 내용이 교회 소식지나 주보에 실려 있는 것은 아닌가? "여기는 끼리끼리만 소통하는 닫힌 공동체다"라고 말하는 것처럼 보이는 내용이 약간이라도 실려 있지는 않은가? 나는 교회의 성장 과정을 보여주는 중요한 내용들을 주보에 싣지 말아야 한다고 주장하는 것이 아니다. 오히려 당신이 그런 것들을 전달하려고 할 때 어떻게 전달할 것인지 깊이 생각해보도록 권하고 싶다.

당신 교회의 지난주 주보를 자세히 살펴보라. 기존 성도들을 대상으로 하는 내용들이 주를 이루는가? 당신 교회의 성도가 아닌 친구에게 주보를 보여주고, 교회 방문객들에게 유용할 만한 정보가 얼마나 담겨 있는지 그 친구의 도움을 받아 평가해보라.

기억하라. 교회 방문객들에게 가장 중요한 질문은 이것이다. "이 교회는 나에게 잘 맞는가?" 그다음은 이것이다. "이 교회는 나에게 필요한 것들을 제공해줄 수 있는가?" 어떻게 해야 교회의 사명과 일치된 내용의 인쇄물을 만들 수 있을까? 또한 위의 두 질문에 대한 답을 제시해주려면 어떻게 해야 할까?

교회 방문객들이 하나님 그리고 사람들과 의미 있는 관계를 맺도록 해주는 기본적인 정보들을 넣는다면 주보가 어떻게 달라지겠는가? 아래의 질문들은 당신의 교회가 방문객들을 우선순위로 삼도록 도와줄 것이다.

• **오늘 예배는 어떻게 진행될 것인가? 우리 교회의 방문객들은 이 예배에서 무엇을 기대하고 있을까?**

교회 방문객들에게 예배가 어떻게 진행되는지 안내해줄 필요가 있다. 언제 예배가 끝나는지 또는 누가 찬송을 부르는지 알면 그들은 더 만족할 것이다. 인쇄물에 예배와 관련된 정보를 넣을 것인지, 아니면 전체 예배 순서를 넣을 것인지는 지역 사회의 문화와 교회 방문객들의 기대를 고려하여 결정하라.

헌금에 대한 안내도 필요하다. 돈 문제는 오랫동안 사람들이 복음으로 나아오는 것을 방해하는 걸림돌이었다. 우리 교회는 "나는 다른 신자들과 함께 평생 동안 예수님을 따르겠다"라고 고백한 사람들에 한해서만 십일조와 기타 헌금을 하게 한다. 우리는 항상 오늘 처음 온 사람들은 헌금을 하지 않아도 된다는 것을 주보에 표기하며 강단에서 광고를 할 때도 분명하게 언급한다. 등록 교인들이나 교회에 꾸준히 나오는 사람들에 한해서만 헌금을 걷는다.

우리는 방문객들이 교회에 머무는 동안 공동체에 적극 참여할 수 있는 기회와 신앙의 다음 단계로 나아갈 수 있는 기회를 마련해두었다. 또 방문객들이 예배 시간, 식당, 서점, 기도 요청 방법 등에 대해 궁금해할 것이 뻔하기 때문에, 우리는 그와 관련된 정보를 주보의 한쪽에 실어두었다.

- **우리는 어떤 교회인가?**

사람들은 교회의 뿌리, 역사, 발전 과정 등에 관심을 갖는다. 교회 방문객들은 당신이 무엇을 하려고 하는지, 왜 그것을 하려고 하는지, 어떻게 그것을 이룰 것인지 알고 싶어 한다. 당신의 교회가 어떻게 시작되었는지, 교회와 관련된 사람들은 누구인지 등을 포함해서 교회의 역사를 간략하게 알려주라. 방문객들은 잠시 동안 과거를 돌아봄으로써 교회가 가진 미래의 비전을 받아들일 수 있다.

사명은 당신 교회가 존재하는 의미를 명확하게 해준다. 교회의 사명 선언서는 방문객들이 쉽게 이해할 수 있는 말로 기록해야 한다. 사명 선언서에 사람들에게 반감을 줄 소지가 있거나 비판을 받을 소지가 있는 문구가 포함되지 않도록 각별히 주의하라. 방문객들을 교회와는 관계없는 사람들로 여기지 말고, 적극적으로 그들의 참여를 이끌어낼 방법을 찾으라. 예를 들면 그레인저 교회에서는 방문객들 앞에서 '제자도' 같은 말을 되도록 쓰지 않는다. 보충 설명이 없으면 방문객들이 그 말을 이해하지 못할 수도 있기 때문이다. 우리 교회의 사명 선언서는 간단하다. "사람들이 다 함께 그리스도를 향해 한 걸음 더 가까이 나아가도록 돕고…."

교회가 가진 비전, 최우선으로 삼은 목적, 핵심 가치를 간략하게 설명해주는 것도 중요하다. 이를 통해 방문객들은 교회의 특징이 무엇인지, 교회가 어떻게 사람들을 섬기는지, 이 교회는 어디를 향해 가고 있는지 이해할 수 있다. 방문객들은 교회의 역사를 잘 모르기 때문에 미래에 대한 그림을 그려주는 것도 필요하다. 그렇게 하면 그들은 기존 성도들과 하나의 인식을 공유할 수 있게 된다.

- **사람들과 어떻게 관계를 맺는가?**

교회를 방문한 사람들은 어떻게 이 교회에 등록하여 정착할 수 있는지 알고 싶어 한다. 그레인저 교회의 주보에는 방문객들이 교회의 여러 부서들과 연락할 수 있도록, 관련 내용을 자세히 설명해놓았다. 방문객들이 봉사할 수 있는 곳이나 신앙 성장을 위해 훈련받을 수 있는 과정들을 목록으로 만들어 제시했고, 관련 웹 사이트까지 안내해준다. 모든 프로그램에 대한 설명에는 그다음 단계를 밟기 위한 방법들이 제시되어 있다.

표지판에도 첫인상이 있다

대부분의 교회는 도로 쪽으로 눈에 잘 띄는 표지판을 설치해두었을 것이다. 표지판은 그 교회가 어떤 공동체인지를 가장 잘 나타낸다. 거기에 담긴 메시지를 잘 생각해보라. 특히 표지판이 교회의 이름만 전달하는 것이 아니라 그 이상의 역할을 한다면 더욱 그렇다.

예를 들어, 교회 이름 밑에 "외부인(Visitor) 환영"이라고 간단하게 적어놓는다면 사람들은 어떤 느낌을 갖게 될까? 표지판을 보는 사람들 대부분이 그 교회에서는 방문객들을 외부인으로 취급한다고 생각할 것이다. 외부인이라는 말은 영구적으로 소속될 가능성이 거의 없고 어쩌다 한 번 교회를 방문한 사람들이라는 느낌을 준다. 반면에 방문객(Guest)이라는 말은 교회에 찾아온 사람들을 존중하는 표현이며, 그들을 적극 환영한다는 의미가 담겨 있다. 당신은 말을 할 때나 글을 쓸 때 외부인이라는 표현을 자주 사용하는가? 그렇다면 그런 습관을 고치는 것이 좋다.

당신 교회의 표지판은 당신이 속한 지역 사회에 그리고 앞으로 당신의 교회를 찾아올 잠재 방문객들에게 무엇을 전달하고 있는가? 교회 이름 외에 다른 것도 전달하고 있는가? 나는 여러 메시지가 적힌 교회 표지판을 본 적이 있다. 그런데 교회에 다닌 적이 없는 사람들에게는 그런 문구들이 어떤 의미로 다가올지 생각해보았는가?

"죄의 삯은 사망이니, 심판의 날이 오기 전에 회개하라."
"진리를 수호하기 위한 영적 전투에 참여하라."
"당신의 친구들이 지옥에 가도록 내버려두시겠습니까?"

너무도 많은 교회가 자기도 모르는 사이에 명성이 아니라 악명을 얻고 있다. 어떤 교회는 교회 밖에 있는 사람들을 향하여 의도적으로 죄에 대한 문구를 써놓았을 수도 있다. 그러나 나는 그런 문구들이 우리가 다가가려고 하는 사람들에게 엄청난 거부감을 줄까 두렵다. 길을 가던 사람들이 그 문구를 본다면 어떤 느낌이 들까? 자기는 분명 교회가 싫어하는 부류의 사람이며 교회에 가도 배척받을 것이라는 느낌을 받지 않을까? 그런 상황을 가정해보면 가슴이 아프다.

우리 주님은 생명을 주시는 분이다. 주님은 사람들을 위해 자기를 희생하셨다. 하나님은 사람들을 소중하게 여기신다. 그렇기 때문에 그들은 우리에게도 소중하다. 길거리 표지판에 적혀 있는 문구들을 지금 다시 읽어보라. 혹시라도 "우리처럼 되고 싶지 않나요?"라는 느낌을 주지 않도록 각별히 주의하라. 그 대신 당신 교회 앞을 지나가는 사람들이 매일 "환영합니다!"라는 메시지를 볼 수 있게 하라.

2012년에 우리는 예배당의 연결 공간을 두 배 이상으로 확장하여 새로운 진입로, 새로운 새가족 정보 서비스 센터, 새로운 레스토랑, 새로운 서점을 만들었다. 예배당 확장 계획에는 기존 공간의 여러 표지판들과 새롭게 확장된 공간에 세워질 표지판들을 평가하는 것도 포함되어 있었다.

우리는 방문객들이 교회 건물에 들어왔을 때 가장 관심을 갖는 세 군데 장소가 있음을 발견했다. 예배를 어디서 드리는가? 아이들은 어디로 가야 하는가? 그리고 어디, 도대체 어디에 화장실이 있는가? 우리는 사람들이 쉽게 그곳들을 찾을 수 있도록 이 세 가지 표지판을 눈에 잘 띄게, 못 보고 지나치는 것이 불가능할 정도로 크게 만들었다.

사람들은 대체로 누군가에게 도움을 요청하고 싶어 하지 않는다. 얼마나 많은 사람들이 셀프 주유소를 이용하는지, 얼마나 많은 사람들이 식료품점의 셀프 계산대와 은행의 현금 자동 지급기 앞에 줄을 서는지 생각해보라. 때로는 낯선 사람들의 도움을 받지 않는 것이 훨씬 편하다. 우리는 무엇이든 우리의 방식으로 하고 싶어 한다.

우리 교회의 표지판이 큰 이유가 바로 이것이다. 솔직히 큰 정도가 아니라 거대하다. 가독성이 높은 글꼴을 쓰고 벽이나 다른 장식물에 묻히지 않는 색깔을 사용했다. 사람들은 움직이면서 표지판을 읽는다. 작고 구불구불한 글꼴은 나름 개성이 있을지는 모르지만, 화장실을 찾는 이들에게는 짜증을 유발할 뿐이다.

우리의 표지판은(벽과 창문의 마감재까지 포함하여) 모두 사명과 핵심 가치를 드러내고 있다. 모든 표지판마다 우리의 정체성이 인쇄되어 있다.

표지판은 교회의 특징을 잘 전달하고 교회 방문객들에게 좋은 경험을 전해줄 수 있는 기회. 인쇄물이 의사 전달에 미치는 영향과 대형 표지판에 대해 잘 아는 전문가의 도움을 받으라. 우리는 좋은 회사들과 함께 일한다. 어떤 회사와 교회의 프로젝트를 한 가지 이상 같이 진행하다 보면, 그들은 우리의 사역 철학을 이해하는 훌륭한 동역자가 될 수 있다. 그러면 당신 교회만의 독특함이 담긴 결과물을 얻게 될 것이다.

예산 문제로 한계를 느끼지 말라. 당신이 교회 방문객들과 의사소통을 잘할 수 있는 방법을 찾도록 지역 사회와 교인들이 도와줄 것이다. 여건이 갖춰질 때까지 기다리지 말라. 오늘 바로 시작하라.

한 걸음 더 나아가기

1 교회에서 표지판, 현수막, 인쇄물을 담당하는 사람은 누구인가? 이들이 서로 협력하여 일하게 하려면 어떻게 해야 할까? 그들의 노력이 서로 조화를 이루고 시너지 효과를 내도록 하기 위해 당신이 할 수 있는 일은 무엇인가?

2 교회 안내지나 주보를 보는 사람들은 누구인가? 누구를 위해 그것들을 만드는가? 당신 교회는 인쇄물을 만들 때 방문객들을 고려하고 있는가?

9
전화 한 통이 마음을 움직인다

주중에도 이어지는 새가족 사역

First Impressions

"당신이 만약 '왜 우리는 탁월해져야 하죠?
성공으로 충분하지 않나요?'라는 질문을 한다면
당신은 일에 대해 뭔가 잘못 접근하고 있는 것이다."[1]

첫인상 사역은 한 주 내내 중요하다

언젠가 나는 한 번도 가보지 않은 이탈리아 레스토랑에 전화해서 영업시간이 언제인지와 할인 쿠폰을 사용할 수 있는지를 확인한 적이 있다. 마침 누군가 전화를 받았는데, 그 사람은 걸걸한 목소리로 "여보세요"라고 간단히 응대했다. 내가 전화를 잘못 건 것은 아닌지 물어봐야 할 정도였다. 그러자 그는 내가 전화를 정확하게 걸었다고 답하면서 "월요일에는 영업을 하지 않습니다"라는 말을 덧붙였다. 그게 끝이었다. 무슨 도움이 필요한지 물어보지도 않았다. 월요일을 제외한 화요일부터 금요일까지의 영업시간에 대해서도 말해주지 않았다. 대화는 거기서 끝나버렸다. 그게 다였다.

나 역시 거기서 끝을 냈다.

교회를 방문하는 사람들은 교회에 발을 들이기 전에 이미 어느 정도는 그 교회에 대해 알고 있다. 당신이 알든 모르든 첫인상 사역은 일주일 내내 이루어진다. 누군가 잠재 방문객에게 당신의 교회로 가보라고 권유했을 수도 있다. 그런데 교회 사무실 직원이 무뚝뚝하게 전화를 받거나, 건물이 지나치게 낡았거나, 광고지에 오자가 많다면 그는 더 이상 당신 교회에 대해 알아보고 싶지 않을 것이다.

잠재 방문객들은 예배에 참석하기 전에도 여러 가지 경로를 통해서 당신의 교회를 접할 기회가 있다.

- 교회 건물과 모든 외부 시설
- 신문 광고
- 웹 사이트
- 지역에 돌린 광고지들
- 전도지를 나눠 주는 교인들과의 만남
- 지난주 예배에 참석했던 방문객들의 말

이 모든 순간이 잠재 방문객들에게 영향을 미친다. 이런 것들을 보면서 그들은 당신의 교회에 가고 싶은 마음이 들까 아니면 당신 교회를 외면하고 싶어질까?

전화 통화에도 첫인상이 있다

사무실에서 전화를 받는 것이 주요 업무인 사람들은 대체로 그 일을 귀찮게 여기는 경향이 있다. 그런데 전화를 거는 사람은 그것을 느낄 수 있다. 대표성의 원리를 기억하라. 사람들은 교회에 전화를 했을 때 전화를 받은 직원이 마치 그 교회 전체인 것처럼 생각한다. 당신이 원하든 원치 않든, 교회 방문객들은 직원에게 받은 인상을 교회의 인상과 직결시킨다. 그러므로 주중에 전화를 받는 일은 무척 중요하다. 누가 그것을 담당하는가? 당신 교회 방문객들에게 몇 가지 질문을 하고 간단히 답하도록 요청하라. 그에 앞서 먼저 당신이 질문에 답해보라.

- 교회 사무실 직원은 전화를 받는 일에 SHAPE가 있는가? 이 역할에 잘 어울리는가?
- 그 사람의 성격은 '따뜻한, 명랑한, 적극 환영하는, 편안한, 정보를 잘 제공해주는, 상대방에게 집중하는'과 같은 말 중에서 한 가지에라도 해당되는가?
- 당신은 교회 직원에게 전화 받는 일 외에 어떤 일을 더 맡겼는가? 그 사람에게 주어진 일이 너무 많아서 따뜻하고 진심 어린 태도로 전화에 응하지 못하는 것은 아닌가?
- 교회 건물에 상근하는 사람들이 누구인지 그리고 그 사람들과 어떻게 연락을 할 수 있는지 등과 같은 정보가 사무실 직원에게 잘 전달되고 있는가?

사람들은 주말에 느끼는 환대와 따뜻함을 전화를 통해서도 전달받을 수 있어야 한다. 그레인저 교회는 방문객들에게 친근하고 배려가 가득한 분위기를 전해주고 싶어 한다. 우리가 그들을 귀하게 여긴다는 것을 그들이 알길 바란다. 먼저 주말에 교회를 방문한 사람들에게 어떤 경험을 하게 해줄 것인지 정한 다음, 주중에는 어떻게 할 것인지를 정하라.

공포의 한마디, "잠시만요!"

교회 사무실 직원들이 하는 일 중에서 상당 부분은 다른 누군가에게 전화를 돌리는 것이다. 전화를 건 사람이 "잠시만요!"라는 말을 들은 다음, 기다리는 시간 동안 그에게 어떤 일이 벌어지는지 생각해봤는가? 얼마나 오래 기다려야 하는가? 기다리는 동안 어떤 소리를 듣게 되는가? 전화를 건 사람에게는 이 시간이 교회의 첫인상으로 오랫동안 남을 수 있다.

전화를 돌리는 동안 음악을 들려준다면, 상대방에게 좋은 인상을 남길 수 있다. 몇 초 정도라면 음악을 즐기며 기다릴 만하다. 이때의 음악은 당신 교회의 특징과 일치하며 예배의 분위기를 반영하는 곡으로 골라야 한다. 그레인저 교회에서는 통화 대기 시간에 우리 교회의 문화가 반영된 음악을 잔잔하게 틀어준다. 하지만 어떤 음악을 틀어주든지 간에 전화를 건 사람이 그 음악을 끝까지 듣는 경우는 절대로 없어야 한다. 음악이 끝났다는 것은 그 사람이 3~4분 이상을 기다렸다는 뜻이다. 일반적으로 사람들은 1분 이상 기다리면 전화를 끊어버린다.

상당수의 성도가 사역자들이 평일에 무엇을 하는지 잘 모른다. 사람들은 사역자들이 일상에서 감당하는 일들을 실제보다 축소시켜 생각하거나 왜곡되게 보는 경향이 있다. 나는 실제로 이런 질문을 받은 적이 있다. "그러면 주중에는 무엇을 하면서 지내세요?" 물론 악의가 없는 질문이다. 많은 사람이 교회는 주말에만 북적거릴 뿐이며 주중에는 사역자들이 전화기 옆에 대기한다고 생각한다. 물론 이것은 사실과 다르다. 하지만 보편화된 생각이기도 하다. 그렇기 때문에 교회 직원들은 이런 문제들을 잘 다룰 수 있어야 한다.

만약 사역자가 그날 무슨 사정이 있어서 전화를 받을 수 없다면 담당 직원은 그 사실을 반드시 알고 있어야 한다. 그레인저 교회에서는 인터넷과 교회 제직회를 통해 직원들에게 전화를 받을 수 있는 시간을 실시간으로 공지한다. 만약 전화를 받은 직원이 사역자들의 거취를 알지 못해 더듬거린다면 상대방은 무척 당혹스러울 것이다. 그리고 이곳은 내부적으로 의사소통이 잘 안 되는 교회라고 판단할지도 모른다.

상대방을 미소 짓게 하는 자동응답기

자동응답기의 목적은 전화를 건 사람에게 정보를 제공하는 것이다. 즉 고객을 위한 서비스다. 그러나 자동응답기가 가진 효율성과 생산성이 교회 방문객들에게 큰 도움을 주는 것은 아니다. 오늘날처럼 바쁜 사회에서는, "지금은 전화를 받을 수 없습니다. 삐 소리가 나면 메시지를 남겨주십시오"와 같은 기계음을 들었을 때 화를 내는 사람들이 있다. 그런 일을 방지하기 위해 당신의 목소리로 직접 녹음하라.

교회 방문객들은 교회에 소속된 한 사람과 통화한 것을 교회 전체와 통화했다고 생각한다. 이 점을 꼭 기억하라. 전화를 받든지 사람을 직접 대면해서 말하든지, 당신 한 사람은 교회 전체를 대표한다. 당신이 남긴 음성 메시지를 듣고 사람들은 무엇을 느끼겠는가?

당신이 외출 중이라는 것을 알리고 싶다면, 아래 사항들을 고려해서 메시지를 녹음하라.

- 전화 거는 사람의 얼굴을 상상하라. 그들은 교회 방문객들, 교회

전화를 받든지, 사람을 직접 대면해서 말하든지 당신 한 사람은 교회 전체를 대표한다.

성도들, 당신이 가장 존경하는 사람, 당신의 어머니. 그들과 직접 만나서 이야기를 나눈다고 생각하며 녹음할 준비를 하라.

- 메시지를 녹음하기 전에 먼저 글로 써보라. 시간을 충분히 가지고 말을 잘 다듬어보라.
- 땅콩버터를 한 숟가락 떠서 입에 넣고 씹으라. 물론 이건 농담이다. 아무것도 입에 넣어서는 안 된다.
- 당신의 이름을 말하고 또 언제 당신이 전화를 건 사람과 직접 통화할 수 있는지, 아니면 사무실 직원을 통해 도움을 받아야 하는지를 명확하게 밝히라.
- 일어서서 미소를 지으며 녹음하라. 당신의 미소가 당신의 목소리에 담길 것이다. 음성 메시지는 대부분 평범하고 지루하게 느껴지는 어조로 용건을 전한다. 아픈 것처럼, 또는 하기 싫은 일을 억지로 하는 것처럼 녹음하지 말라. 코감기에 걸렸을 때는 되도록 녹음을 하지 말라.
- 조용한 장소에서 녹음하라. 상대편이 수화기를 통해 자동차 경적 소리를 들어서는 안 된다.
- 녹음한 메시지를 들어보라. 만약 당신이 전화를 건 사람이라면 그 메시지를 듣고 만족스럽게 여길 만한가?
- 만족스럽지 않다면 다시 녹음하라. 당신이 제대로 했다고 생각될 때까지 녹음하라. 목소리에 미소가 담겨 있는지, 따뜻한 느낌이 나는지 들어보라.
- 아직 당신이 해야 할 일이 다 끝나지 않았다. 필요에 따라 새로 녹

음한 메시지로 교체하라.

답신 전화는 즉시 해야 한다

최근에 인상 깊은 경험을 하게 되면 첫인상은 기억 속에서 사라진다. 아직 교회에 한 번도 온 적이 없는 사람이 정보를 얻기 위해서 당신에게 전화를 했다고 가정해보자. 그는 교회로 전화해서 당신을 찾는다. 교회 직원은 아주 능숙하게 전화를 연결시켰고, 그는 직원의 일처리에 만족한다.

안타깝게도 당신은 그때 자리를 비운 터라 그는 당신이 남긴 메시지를 듣는다. 그래도 당신이 공들여 녹음한 메시지를 남겨 놓았기 때문에, 그는 당신의 음성이 아주 인격적인 것에 대해서 후한 점수를 준다. 그는 다음에라도 당신과 연락할 수 있기를 바란다. 그만큼 좋은 인상을 받았기 때문이다.

그는 당신에게서 전화가 걸려오기를 기다린다. 그런데 하루가 지나도록 소식이 없다. 그 정도는 너그럽게 이해한다. 당신이 바쁠 수도 있으며, 자기 외에도 어제 전화를 한 사람이 더 있을 거라고 생각하기 때문이다. 그런데 이틀이 지나도 아무런 소식이 없다. 그렇지만 당신이 전화하기에는 너무 이른 시간일 수도 있고 또 그날 안에 전화가 올 수도 있기에 좀 더 기다려본다. 사흘째가 되자 그는 당신에게 다시 전화를 해야겠다고 생각한다. 이제 조금씩 짜증이 난다. 며칠 전에 가졌던 좋은 인상은 모두 사라져버렸다. 최근에 부정적인 인상을 받았기 때문이다. 이 경험만으로도 그는 당신의 교회에 대해 앞으로 더 자세히 알아볼 것인지 말 것인지의 여부를 결정하게 될 것이다.

이 말이 당신과 무관한 것처럼 들리는가? 나는 그렇지 않다. 사실 나는 제때 회신하지 못한 적이 몇 번 있었다. 그때마다 앞에서 언급한 것과 같은 결과를 낳았다. 물론 긴박하게 돌아가는 상황 속에서 자신이 맡은 일을 제대로 하기에는 우리에게 주어진 하루가 너무나 짧다. 그렇기 때문에 즉각 회신 전화를 해주는 시스템이 중요하다. 모든 사람에게 다 통하고 모든 시스템에 잘 맞는, 만병통치약 같은 방법은 세상에 없다. 그러나 아래와 같이 해보면 도움이 될 것이다.

- 책임을 분명히 하라. 전화를 건 사람에게 언제까지 회신을 주겠다는 말을 남기라. 그리고 그대로 지키라. 그러나 그런 경우에도 24시간을 넘기지 말라. 당신이 오랫동안 자리를 비우는 경우가 아니라면 말이다.
- 하루 일과 중에 회신 전화를 해주는 시간을 따로 떼어놓으라.
- 만약 당신을 돕는 사람이 있다면, 그에게 하루 한두 번씩 자동응답기에 녹음된 내용들을 확인하고 그것을 보고하도록 요청하라. 그에게 당신을 대신하여 전화 응대를 부탁할 수도 있다.

발길을 돌리게 만드는 시설

몇 년 전, 나는 동료 한 사람과 시카고에서 열리는 콘퍼런스에 참석했다. 그는 인터넷 활용 능력이 뛰어나서 유용한 정보를 곧잘 얻었다. 그때도 숙박비가 저렴한 호텔의 이름과 주소를 미리 확보해두었다. 우리는 차를 달려 그 호텔이 있는 길목으로 접어들었다. 거기에는 고풍스러운 고급 호텔들이 서 있었다. "이 돈으로 이렇게 좋은 곳에서 잘 수 있다니!" 그러나 우리가 찾아가야 할 주소는 그곳이 아니었다. 자동차 백미러 뒤로 높은 빌딩들이 사라지는 것을 보며 우리의 즐거움은 사그라졌다. 몇 분 뒤 우리는 서로를 보며 말했다. "여긴 더 이상 캔자스가 아닌 것 같아(《오즈의 마법사》에서 도로시가 회오리바람에 휩쓸려 오즈에 갔을 때 강아지 토토를 보면서 한 말—편집자)."

우리는 단층 건물이 쭉 늘어서 있고 매연이 가득한 공장 지대로 들어섰다. 콘퍼런스가 열리는 곳과는 점점 더 멀어졌고 숙박 시설에 대한 기대는 점점 사라졌다. 마침내 우리가 예약한 호텔이 눈에 들어왔다. 벽에는 싸구려 페인트가 칠해져 있고, 유리창에는 이런저런 메모장들이 붙어 있었으며, 주차장에는 차들이 거의 보이지 않았다. 순간 호텔 안에 들어가고 싶은 마음이 싹 사라져버렸다.

사람들은 당신 교회의 시설을 바라보며 어떤 생각을 하게 될까? 오래전에 출고되어 군데군데 녹이 슨 승합차를 운행하고 있지는 않은가? 그렇다면 그 차를 처분하라. 건물 내부의 싸구려 페인트는 어떤가? 그 페인트를 벗겨내고 벽을 새로 칠하라. 잡초들은 제거했는가? 화단을 잘 관리하고 있는가? 때마다 나무의 가지치기를 하고 있는가?

결론적으로 교회 시설들을 점검할 때 당신이 해야 할 질문은 이것이다. 교회를 잘 관리하는 것처럼 보이는가?

미리 가볼 수 있는 인터넷 교회

사람들은 언제 어디서든지 당신 교회의 홈페이지에 접속할 수 있다. 거기에는 자동응답기가 필요 없다. 교회 직원도 없다. 많은 사람이 홈페이지를 통해 당신의 교회를 처음 대할 것이다. 그렇기 때문에 두 가지가 중요하다. 첫째, 당신의 교회가 어떤 곳인지 홈페이지를 통해 말해줄 수 있어야 한다. 홈페이지는 당신 교회만의 독특성을 드러낼 수 있는, 아주 좋은 통로다. 교회의 비전을 온라인을 통해 설득력 있게, 또 사람들의 적극적인 참여를 유도하는 방법으로 제시할 수 있다. 당신 교회의 홈페이지에는 교회의 특징이 명확하게 나타나 있는가?

둘째, 성도 간의 교제와 사역 기회에 대한 정보를 줄 수 있어야 한다. 당신 교회의 성도들은 물론 교회 방문객들도 홈페이지에 로그인할 수 있도록 하고, 그들이 다른 사람들과 만날 수 있는 방법을 비롯하여 교회에서 봉사할 수 있는 방법을 알려주라. 온라인 게시판만 겨우 올라와 있다면 네티즌이나 성도들을 그리 오랫동안 잡아두지는 못한다. 교회 홈페이지는 서로 연락할 수 있는 곳, 대화할 수 있는 곳, 사람들 간에 교감이 이루어질 수 있는 곳이어야 한다.

이처럼 홈페이지가 교회의 특성을 나타낼 뿐만 아니라 방문객들과 교인들에게 만남의 장소가 될 가능성이 있음을 항상 인지하라. 사람들이 있는 곳으로 가서, 그들이 이해할 수 있는 언어와 방식으로 그들과 소통하라.

늘 온라인을 의식하고 있을 때 우리는 훌륭한 청지기로서의 감각을 지니게 된다. 교회는 여러 가지 문서들을 인쇄해서 번거롭게 우편으로 발송하는 절차를 거치지 않고도 오늘날의 문화에, 지역 사회에, 성도들의 필요에 그리고 변화하는 교회 사역들에 신속히 대처할 수 있다.

처음 홈페이지를 만들 때는 동영상 같은 것을 넣지 않아도 된다. 일단 시작하는 것이 중요하다. 주보를 만들 때와 똑같이 질문해보라. "지금 교회에 어떤 일이 일어나고 있는가? 우리 교회는 어떤 교회인가? 사람들과 어떻게 관계를 맺는가?"

백지를 채우라

당신의 배우자나 친한 친구의 생일이 다가온다고 상상해보라. 당신은 멋진 레스토랑에서 함께 저녁을 먹으며 특별한 사람의 생일을 축하해주고 싶을 것이다. 그날은 레스토랑에 자리를 잡기 힘든 토요일이기 때문에 당신은 한 달 전에 전화로 예약을 한다. 이제 모든 준비가 끝났다. 당신이 예약한 시간은 저녁 7시다. 앞으로 정확히 4주가 남았다.

어느 날 달력을 보니 3주가 휙 지나갔고 이제 생일이 한 주 앞으로 다가왔다. 그런데 전화벨이 울린다. 전화를 건 사람은 레스토랑 지배인이다. '어떻게 된 거지? 혹시 예약에 문제가 생겼나? 내 예약 시간을 9시로 옮기려는 것은 아니겠지!'

"왈츠 씨, 예약 사항을 다시 한 번 확인해드리려고 전화했습니다. 이번 토요일 저녁에 뵙겠습니다."

> 방문객과 한 번 만나고 또 다시 연락이 닿기까지의 기간은 백지다. 백지는 그 위에 뭔가 그려주기를 기다리고 있다.

"아, 그래요. 감사합니다. 7시로 알고 있는데 이상은 없죠?"

"예, 물론입니다. 다만 좀 더 요청하실 게 있는지 궁금해서 전화를 드렸습니다. 선생님의 자리를 큰 방의 벽난로 가까운 곳으로 마련해드릴까요, 아니면 동쪽 끝 호수가 보이는 쪽으로 할까요? 어떤 자리가 더 마음에 드십니까?"

"호수가 보이는 창가로 해주세요. 그게 좋을 것 같네요. 정말 감사합니다!"

"선생님과 다른 분들을 위해 자리를 준비해두겠습니다. 그 외에 특별히 축하하고 싶은 기념행사 같은 것은 없으신지요? 혹시 예약 인원 외에 더 오실 분이 계신가요?"

"아, 아닙니다. 그대로입니다. 그리고 사실은 아내의 생일을 축하하는 자리인데요."

"정말 잘됐군요. 저희가 생일 축하 파티를 해드리겠습니다. 그럼 토요일 7시에 뵙겠습니다."

방문객과 한 번 만나고 또 다시 연락이 닿기까지의 기간은 백지다. 백지는 그 위에 뭔가 그려주기를 기다리고 있다. 꼭 무슨 일이 일어나야 하는 것은 아니다. 그러나 일어날 수는 있다. 이 백지는 '감동'을 위한 영역이다.

백지는 교회 입장에서 볼 때 잠재적인 가능성으로 가득 차 있다. 예를 들면, 교회 방문객들이 처음으로 교회에 왔다가 자기들의 주소를 알려줬다면(자발적으로 "나는 여기 살아요"라고 말하는 것), 그들에게 환영 편지를 보내라.

당신은 다음 주 예배 시간이 돌아오기 전에, 교회가 그들이 방문했다는 사실을 알고 있으며 또한 환영한다는 것을 보여줘야 한다. 백지를 채우라.

방문객들이 교회 홈페이지를 방문해서 요청 사항을 말하거나 질문을 할 때 그것을 읽었다는 것과 48시간 안에 응답하겠다는 약속을 담아 이메일로 보내라. 이는 백지를 채우는 행동이다. 교회 방문객들과 기존 성도들이 교회의 소그룹에 등록했다면, 모임 시간과 준비물 안내 그리고 그들과 함께 공부할 날을 기대하고 있다는 내용이 담긴 카드 혹은 이메일을 보내라.

이 외에도 백지를 채울 수 있는 방법은 수없이 많다.

- 행사에 관한 정보를 자세하게 안내해주는 편지를 보내라.
- 특별한 기도 제목이나 개인적으로 바라는 것이 있는지 전화로 물어보라.
- 환영 편지에 교회와 가까워질 수 있는 정보들을 적어서 보내라.
- 예배에 새로 참석한 사람들에게 선물을 주라.
- 소그룹에 새로 가입한 사람에게는 첫날에 배울 내용을 이메일로 보내라.
- 여러 가지 질문을 했던 방문객에게 전화를 하라.
- 새가족 등록과 관련된 추가 정보들을 보내라(예를 들면, 부모가 자녀를 주일학교 행사에 등록시킬 때 이와 관련된 여러 가지 프로그램에 관한 정보도 제공하라).

당신 교회에서 백지를 채우는 기회로 활용할 수 있는 것들에는 무엇이 있는가? 당신은 전화, 홈페이지, 편지, 이메일, 방문객들과 성도들이 중요하게 여기는 직접적인 대면 방법 등을 어떻게 활용할 것인가?

백지에 색깔을 입히라.

첫인상에는 휴식기가 없다

당신 교회의 방문객들에게 감동을 선사할 수 있는 기회는 항상 존재한다. 그런 기회들은 백지에 존재하며, 순간순간 존재하며, 또 고정관념을 벗어난 곳에 존재한다. 첫인상은 계속 남는다. 그리고 가장 최근에 받은 인상도 계속 남는다. 어떤 대상에 대하여 마음속에 새겨지는 느낌에는 휴식기가 없다.

교회를 방문하는 사람들에게는 간절히 바라는 소망이 있으며, 교회에 대한 나름대로의 기대도 있다. 그들의 말에 귀를 기울일 때 그들에게 무엇이 필요하고 그들이 무엇을 기대하는지 알게 될 것이다. 또한 기대하는 바를 분명하게 알아낼 수 있다면, 그들이 경험하고 싶은 것도 미리 규정할 수 있다.

이 작업을 잘하면 사람들이 이렇게 말하는 것을 듣게 될 것이다. "와! 정말 놀랐어요!" 그 일은 그들이 교회에 발을 들여놓은 지 10분 내에 일어날 것이다.

"와"라는 감탄이 나오게 할 수 있는 일을 시작하자!

한 걸음 더 나아가기

1 근무 시간 외에 교회로 전화했을 때 어떤 소리를 듣게 되는가? 주중에는 어떤가? 담당자와 연락이 닿아 도움을 얻을 수 있는가? 절차를 간소화해서 능률을 높여야 할 만한 일은 무엇인가? 자동화해야 할 일은 무엇인가?

2 사람들이 차를 타고 당신 교회 앞을 지나갈 때 어떤 생각을 하게 될까?

3 방문객들을 감동시킬, 백지를 채울 창조적인 방법이 있는가?

10
감동의 싹을 자르지 말라

규칙을 지혜롭게 적용하기

First Impressions

"사람은 입의 열매로 말미암아 복록에 족하며
그 손이 행하는 대로 자기가 받느니라"(잠 12:14).

빨간 규칙과 파란 규칙

상점이나 거래처들의 정책 때문에 곤란을 당했던 경험이 있을 것이다. 우리는 시대에 뒤떨어지고, 알맹이가 없으며, 형식적인 규칙들로 인해 답답한 상황을 겪어봤다. "환불해드릴 수 없습니다." "그 모델은 판매하지 않습니다." "저는 가격을 조정할 권한이 없습니다." 그들이 좋아하는 말은 이것이다. "이것이 우리의 내규입니다." 규칙이 고객을 희생시켜 직원들 또는 기업들의 이익을 추구하는 방향으로 흐른다면, 이는 개가 꼬리를 흔드는 것이 아니라 마치 꼬리가 개를 흔드는 것과 같은 꼴이 된다.

의학계에는 '빨간' 규칙과 '파란' 규칙이 있다. 빨간 규칙은 절대로 어기면 안 되는 것이다. 예를 들어 병원에 입원한 환자는 허용된 것 외의 음식이나 음료를 섭취해서는 안 되는데, 이런 것이 바로 빨간 규칙이다. 이 규칙을 어기면 환자의 생명이 위태로워질 수 있으며, 예정된 검사를 받지 못할 수도 있기 때문이다.

파란 규칙은 병원의 모든 시스템이 무난하게 운영되도록 해준다. 이 규칙들은 경우에 따라 지키지 못할 수도 있다. 예를 들면, 면회 시간 이후에 병실을 찾아온 방문객이 환자를 만날 수 있도록 예외적으로 허용해주는 식이다.

당신의 교회에도 정책과 규칙이 있을 것이다. 그중에 어떤 것들은 빨간 규칙이다. 이것은 교회 방문객들의 안전과 성도들의 규칙이 고객을 희생시켜 직원들 또는 기업들의 이익을 추구하는 방향으로 흐른다면, 이는 개가 꼬리를 흔드는 것이 아니라 마치 꼬리가 개를 흔드는 것과 같은 꼴이 된다.

고결함을 지키기 위한 규칙이다. 그 외의 것들은 파란 규칙이다. 파란 규칙은 교회가 순조롭게 운영되도록 한다. 그러나 특별히 나쁜 결과를 초래하지 않는다면 경우에 따라 어길 수도 있다. 그런데 우리는 어떤 것이 빨간 규칙인지, 어떤 것이 파란 규칙인지 구분하지 못할 때가 많다. 그래서 이 두 가지 신호들을 똑같이 중요하게 취급해버린다.

오른쪽 상자 안의 내용을 읽어보고 빨간 규칙(절대 어겨서는 안 된다) 옆에는 R을, 파란 규칙(교회가 순조롭게 운영되도록 돕지만 경우에 따라 지키지 않을 수도 있다) 옆에는 B를 적으라. 이 규칙들 중 어겼을 때 심각한 결과를 초래할 수 있는 것은 몇 가지인가? 또 교회를 순조롭게 운영하기 위한 규칙은 몇 가지인가?

그레인저 교회의 초기 규칙들은 아래와 같다.

- 예배 중에는 예배실에 음식이나 음료(물병은 제외)를 가지고 들어갈 수 없다.
- 방문객에게 장소를 안내할 때 그 자리에 선 채 말로만 이리저리 가라고 설명하지 않는다.
- 일단 예배가 시작되면 예배실 뒷문을 열지 않는다.
- 주일학교에서는 반드시 보호자가 제시하는 확인표가 해당 어린이와 일치하는지 확인한 후 어린이를 인도한다.
- 교회로 들어서는 입구에는 주차하지 않는다.

교회의 규칙들

주일 예배를 드리는 동안 당신의 교회에서 지켜야 할 공식화된, 또는 암묵적으로 합의된 규칙들을 열거해보라. 교회 주차장, 환영 사역, 주일학교, 전화 받기, 화장실, 자료실, 새가족 정보 서비스 센터, 예배실, 예배에 대해 생각해보라. 아래의 항목들 중에 당신 교회의 규칙들이 있으면 표시해보라.

☐ 예배실에 음료를 가지고 들어갈 수 없다.
☐ 복도에서 뛰어다니면 안 된다.
☐ 남자 사역자들은 반드시 넥타이를 매야 한다.
☐ 목사는 설교 중에 반드시 성경을 가지고 있어야 한다.
☐ 교회로 들어오는 길목에 주차를 해서는 안 된다.
☐ 이 문을 사용하면 안 된다.
☐ 이 전화는 개인적인 용도로 쓸 수 없다.
☐ 교회 내에서는 담배를 피울 수 없다.

위의 것들 외에 어떤 규칙들이 더 있는가? 아래에 써보라.

그러나 우리가 이 규칙들을 검토해보았을 때 그중에 딱 한 가지만이 빨간 규칙이라는 것을 알게 되었다. 그것은 "주일학교에서는 반드시 보호자가 제시하는 확인표가 해당 어린이와 일치하는지 확인한 후 어린이를 인도한다"였다. 이 규칙을 어기면 위급한 상황이 벌어질 수도 있기 때문에, 이 규칙은 빨간색이다.

사실은 파란색인데 우리가 빨간색으로 여겼던 것은 "방문객에게 장소를 안내할 때 그 자리에 선 채 말로만 이리저리 가라고 설명하지 않는다"였다. 이 규칙을 어겨도 위험한 일은 발생하지 않을 테지만, 우리는 그런 일을 꿈에도 생각지 않았다. 규칙을 빨간색과 파란색으로 구분하지 않을 경우, 사람들은 거의 대부분을 빨간색이라고 생각할 것이다. 우리가 실제로 경험했던 부끄러운 일을 이야기해보겠다.

2000년 봄에 예배당을 열었을 때, 우리는 기존의 청소 도구들로 어떻게 새 예배실의 카펫과 좌석을 관리할 것인가에 대해 많은 관심을 기울였다. 그래서 우리는 규칙을 하나 만들었다. "예배실에는 생수 이외의 음료를 가지고 들어갈 수 없다." 우리는 이 규칙이 빨간 규칙이라고 말하지는 않았지만, 그것이 파란 규칙이라고 말해주지도 않았다.

주일 아침, 나는 한 방문객이 우리 교회의 카페에서 산 모카커피를 가지고 예배실로 들어가는 것을 보았다.

안내자: 미안합니다. 예배실에는 생수만 들고 들어가실 수 있습니다.
방문객: 하지만 난 방금 이걸 샀어요.
안내자: 미안합니다. 생수만 가능합니다.
방문객: 난 당신네 카페에서 이걸 샀다고요. 뚜껑도 덮었잖아요. 난 그냥 저기 뒷자리에 남편이랑 같이 앉고 싶다고요.
안내자: 죄송해요. 제가 물로 바꿔드릴까요?

순간 나는 소름이 돋았다. 나는 이 규칙이 빨간색인지 파란색인지를 명확하게 알려주지 않았다. 우리가 안내자들에게 나눠 준 지침서는 현실에서 그 내용대로 실행하는 사람들에 의해 유일한 진리로 격상되었다. 변경될 수도 없고, 예외가 허락되지 않는 '성경 사본'이 된 것이다. 어휴!

"일단 예배가 시작되면 예배실 뒷문을 열지 않는다"라는 항목도 파란 규칙에 속한다. 우리 교회는 사람들이 설교에 몰입하도록 돕기 위해서 예배 때 드라마, 음악, 영상 등 여러 가지 예술적인 장치를 활용한다. 그리고 이런 순서가 진행될 때는 특별한 조명을 사용한다. 따라서 예배실 뒷문 바깥쪽에는 손잡이를 달지 않았다. 예배가 시작된 다음에 도착한 방문객들이 옆문으로 들어오도록 유도하기 위해서다. 정문으로 들어올 경우 복도의 빛이 예배실 안으로 스며들어 예배를 방해할 수 있다. 성도들이 빛이 들어오는 방향으로 고개를 돌리느라 중요한 장면을 놓치는 것은 무척 안타까운 일이다. 옆문은 이중문이어서 빛이 들어오는 것을 막아준다. 예배 중에는 안내자들이 예배실 곳곳에서 대기하고 있다가 옆문으로 빠져나가려는 사람들을 안내한다.

예배실에 한 줄기 빛이 들어오는 것과 부모가 우는 아기를 데리고 얼른 예배실 뒷문으로 나가는 것 중에서 하나를 골라야 할 상황이라면, 우리의 선택은 분명하다. 아기가 울 수도 있고 옹알거리는 것이 부모에게는 귀엽게 보일지도 모르지만, 예배실 안에 있는 수백 명은 이미 아기 때문에 방해를 받고 있다. 이런 상황이 닥치면, 엄마들은 대체로 아기를 데리고 중앙 통로를 통해 얼른 뒷문으로 빠져나가려고 한다. 모든 사람이 그녀를 쳐다보게 된다. 그때 안내자가 중앙 통로를 막고 서서 아기 엄마에게 예배실 뒤쪽으로 돌아가 옆문을 사용하도록 안내한다.

엄마와 아기가 살짝 빠져나갈 수 있도록 뒷문을 열어주는 것이 차라리 더 낫지 않을까? 그것은 파란 규칙이다. 예외적인 경우에는 어길 수도 있는 규칙이다. 그러나 선택권은 예배실 안내자들에게 있다.

빨간 규칙과 파란 규칙을 혼동하면 이미 받은 감동을 파괴할 수 있다. 어떤 경우에 안전을 우위에 두고 어떤 경우에 서비스를 우위에 둘지 팀 전체가 모여서 이야기하라. 그리고 어떤 것이 빨간 규칙이고 어떤 것이 파란 규칙인지를 명확하게 규정하라. 만약 당신의 교회에 파란 규칙보다 빨간 규칙이 더 많다면, 이런 규칙들을 수정할 필요가 있다.

첫인상 사역 팀이 하면 안 될 말들

오늘이 제가 봉사하는 날인지 몰랐어요
"어떻게 사람들을 우리 교회로 오게 할 수 있나요?" 내가 여러 교회에서 새가족 사역에 대해 강의할 때마다 항상 듣는 질문이다. 어떤 사람들은 등록을 한 뒤에도 교회에 나오지 않는다. 그동안의 경험에 비춰보면, 많은 사람들이 등록을 하고 나서 한참 있다가 교회에 얼굴을 비친다.

사람들은 섬기는 삶이 가치 있고 귀하다는 비전을 붙들 때에야 교회에 나오고 그리스도를 섬긴다. 그런 차원은 아니더라도, 간단한 의사소통으로 모든 팀원들에게 자기가 언제 섬겨야 하는지를 알려줄 수 있다. 이 일을 할 때는 보이지 않는 곳에서 섬기는 행정 팀들과 시스템의 도움을 받는 것이 좋다. 아래의 아이디어들을 고려해보라.

- 모든 사역 팀원들의 명단을 만들라.
- 팀원들에게 매주 확인 메일 또는 엽서를 보내거나 전화를 하라.
- 주말에 봉사한 팀원들에게 팀 리더들이 마음을 담아 감사의 글을 보내도록 하라.
- 모든 팀원에게 1년 일정표를 배부하라.
- 팀원들의 헌신과 공헌을 팀 리더들이 개별적으로 격려해주도록 하라.
- 섬김 전 모임을 정시에 시작하라. 그러면 팀원들에게 시간을 엄수하는 것이 중요하다는 인식을 심어줄 수 있다.

제 옷차림이 어때서요

교회 정문에 서서 방문객을 환영하는 봉사자는 어떤 옷을 입어야 할까? 사람들은 고의로 정도에 벗어난 행동을 하지는 않는다. 하지만 어느 선까지가 정도인지를 모를 때가 있다. 당신은 모든 사람이 자기와 같은 성장 배경, 지식, 판단 기준을 가졌다고 가정해서는 안 된다. 지켜야 할 것들을 팀원들에게 미리 공지

하면 당혹스러운 상황을 줄일 수 있다.

첫째, 당신의 교회 문화를 감안할 때 적절한 것이 무엇인지를 먼저 정하라. 지난 몇 년 동안 우리 교회에서는 첫인상 사역 팀의 옷차림이 예배에 오는 사람들에게 본이 되기를 기대했다. 이 말은 팀원들이 청바지와 티셔츠를 걸치고 운동화를 신은 채로 교회에 와서는 안 된다는 뜻이다. 그들은 옷을 잘 차려입고 깨끗한 구두를 신어야 했다. 우리 교회 사역 팀은 의복과 서비스 분야의 전문가들이었다.

세월이 흐르면서 우리의 문화도 달라졌다. 이제는 격식을 갖춰야 하는 자리에서도 청바지를 즐겨 입는다. 셔츠를 바지 안으로 넣어서 입지 않으며, 테니스화나 슬리퍼를 신는 것도 자연스럽게 받아들인다. 그 외에도 저마다 개성을 표현하는 옷차림을 하고 교회에 온다.

우리는 방문객들이 옷차림 때문에 교회에서 이질감을 느끼게 하고 싶지 않다. 기존 교인들의 나이와 겉모습, 관심사 등이 자기와 비슷하다는 것을 알게 되면 방문객들은 마음이 편안해질 것이다. 최근에 우리는 이 문제를 생각해보고, 옷차림에 대해서 성도들에게 지나친 요구나 기대를 하지 않는 것이 좋겠다고 결론지었다. 지금은 첫인상 사역 팀들이 청바지를 입어도 괜찮다. 구두가 아닌 신발을 신어도, 셔츠를 바지 속에 넣지 않고 겉으로 보이게 입어도 문제 삼지 않는다. 이런 옷차림은 오히려 유행을 좇는 청년들에게 환영을 받는다. 우리는 두 가지만을 요청한다. 정숙하고 건전한 옷차림이다.

정숙과 관련해서는, 사역 팀원들이 특정 상품의 로고나 광고 문구가 새겨진 티셔츠를 입지 않도록 하고 있다. 우리 교회에서는 특정 회사를 선전하지 않는다. 따라서 상업성이 강한 로고나 아이콘의 사용을 피하고 있다. 또한 골반에 걸치는 바지나 찢어진 청바지 등은 입지 않도록 한다. 우리는 여자 팀원들에게 말한다. "만약 교회 방문객이 물건을 떨어뜨려서 당신이 그 물건을 집어주려고 몸을 숙였을 때, 당신의 옷 때문에 그가 이상한 생각을 갖게 해서는 안 될 것입니다." 여자 팀원들에게는 사람들의 시선을 끄는 미니스커트나, 목 주변이 깊게 파인 옷, 몸에 딱 달라붙는 옷들을 피하고 정숙한 옷을 입도록 당부한다. 우리의 목표는 사람들의 관심을 예수님에게로 이끄는 것이지 우리 자신에게로 이끄는 것이 아니다.

> 우리의 목표는 사람들의 관심을 예수님에게로 이끄는 것이지 우리 자신에게로 이끄는 것이 아니다.

내가 할 일이 없어요

사도 바울은 고린도전서 12장 14-20절에서 다음과 같이 말했다. "몸은 한 지체뿐만 아니요 여럿이니 만일 발이 이르되 나는 손이 아니니 몸에 붙지 아니하였다 할지라도 이로써 몸에 붙지 아니한 것이 아니요 또 귀가 이르되 나는 눈이 아니니 몸에 붙지 아니하였다 할지라도 이로써 몸에 붙지 아니한 것이 아니니 만일 온몸이 눈이면 듣는 곳은 어디며 온몸이 듣는 곳이면 냄새 맡는 곳은 어디냐 그러나 이제 하나님이 그 원하시는 대로 지체를

> 일단 사람들이 자기가 봉사하기에 알맞은 곳을 찾기만 하면, 그들은 스스로를 필요 없는 존재라고 느끼지 않을 것이다.

각각 몸에 두셨으니 만일 다 한 지체뿐이면 몸은 어디냐 이제 지체는 많으나 몸은 하나라."

팀원들은 자신의 존재 가치를 다시 확인하고 싶어서 그런 말을 했을 수도 있다. 사람들의 시선을 끌지는 않지만 무척 중요한 일을 맡은 사람들, 눈에 띄지 않는 곳에서 일하다 보니 사역이 주는 활기를 느끼기 어려운 사람들에게는 그들이 교회의 비전을 이루는 데 일조하고 있다는 사실을 자주 상기시켜주어야 한다. 이들에게는 관계를 통해서 각 사람의 가치를 확인시켜줄 수 있다. 말이나 글로 모든 팀원이 중요하다는 사실을 알려주라. 둘 중 어떤 방법을 사용해도 좋다. 되도록 자주 그리고 진심으로 그렇게 하라.

때로 사람들은 스스로를 불필요한 존재라고 느낄 때가 있다. 그 이유는 그가 적절한 자리에 있지 않기 때문이다. 나는 릭 워렌 목사가 한 말이 기억에 남는다. "이 세상에 능력 없는 사람이란 없다. 그렇게 보이는 사람들은 단지 자기의 재능과 맞지 않는 곳에서 일하고 있을 뿐이다." 사람들이 자기가 봉사하기에 알맞은 곳을 찾기만 하면, 그들은 스스로를 필요 없는 존재라고 느끼지 않을 것이다.

아직도 할 일이 남았나요

이 표현을 말로 하건 행동으로 드러내건 간에, 그 이면에는 감정이 깔려 있음을 알 수 있다. 리더는 상대방의 말에 담긴 속뜻이 무엇인지 파악하고자 노력해야 한다. 이러한 질문을 하는 팀원들은 자신이 맡은 역할에 대한 비전을 잃어버렸거나 사역과 관련해서 자신의 가치를 낮게 평가하는 사람일 수 있다. 그것도 아니라면 적절한 사역에 배치되지 못한 것이다. 이 외에도 또 한 가지 가능성이 있다. 그들은 헌신하려는 동기에서 봉사하고 있는지, 아니면 뭔가 섬김을 받고 싶은 기대가 있는지 스스로 점검해봐야 할 필요가 있다.

당신은 "좀 어떠세요? 이 일이 할 만한가요?"라고 물어보면서 개인적인 대화를 먼저 시도할 수 있다. 아니면 "이 일을 하면서 보람을 많이 느끼시나요?"라고 물어볼 수도 있다. 그 사람의 답을 들어보면 당신은 사역에 대한 비전, 사역의 가치, 사역을 섬길 수 있는 새로운 길, 마음의 변화 중에서 그에게 어떤 것이 필요한지를 짐작할 수 있을 것이다.

그들은, 당신들은…

이러한 말들은 그의 마음가짐이나 주인의식과 관련해 많은 것을 시사한다. 때로는 교회에 처음 나온 사람이 교회나 사역 팀에 대해 말할 때 '우리' 대신 이런 말을 사용할 수도 있다. 그들은 별다른 악의 없이 이렇게 말한다. 그러나 베테랑 팀원이 이런 식으로 자신은 '사역과 무관한 사람인 것처럼' 말한다면, 이는 리더십이나 사명에 대한 주인의식이 부족해서 그럴 수도 있다. 그게 아니라면 '내 생각은 다른 팀원들의 사역 방식과 다르다'라는 속뜻을 드러내는 것일 수도 있다.

이런 말을 하는 사람과는 되도록 빨리 대화를 해보는 것이 좋다. 나의 경우, 그가 의도적이지 않고 악의가 없이 그런 말을 하는 것으로 가정한 다음 대화를 시작한다. 그의 마음과 사역에 임하는 자세가 긍정적이라는 것이 확인되고 나면 다음과 같이 말해줄 수 있을 것이다.

"우리는 봉사자들 간의 신뢰 관계를 무척 중요하게 생각합니다. 그렇기 때문에 이 사역을 보다 나은 방향으로 발전시키는 데 도움이 될 만한 것들은 무엇인지 살펴보다가, 그런 것을 발견하면 당신에게 늘 알려주려고 합니다. 그런데 가끔씩 나는 당신이 우리 교회 사역자들을 가리켜 '그들'이라고 표현하는 것을 들었습니다. 물론 그냥 별 생각 없이 그렇게 부르신 것 같습니다. 그래도 혹시 이와 관련해서 마음속으로 특별히 생각하는 것이나 하고 싶은 말이 있다면, 제게 이야기해줄 수 있는지요?"

만약 그 팀원이, 자신이 마치 '지도부' 밑에 있는 것처럼 느껴진다고 한다면 이렇게 설명해줄 수 있다. "당신은 교회입니다. 당신의 사역 현장에서 뛰고 있는 것이지요. 우리 모두 힘을 합쳐서 노력하고 있습니다."

그러나 그 팀원이 교회 지도부에 대해 불평을 한다면 다음 순서로 접근하면서 문제를 해결할 수 있다. 먼저 문제들에 대해 대화를 하고, 그런 다음에는 갈등을 해결할 수 있는 적절한 방법들을 찾아보고, 교회의 비전을 제시하며, 주인의식과 서로 협력하는 자세를 설명한다.

방문객이 교회에서 들으면 안 될 말들

그건 제 소관이 아니라서요

사람들은 이런 말을 함으로써 자기에게는 아무런 책임이 없음을 분명히 하며 스스로를 위로할지도 모르겠다. 그러나 교회 방문객들은 책임자가 누구인지에 대해서 신경 쓰지 않는다. 그저 자기의 질문에 답해줄 것과 자기의 요청을 들어주기만을 바랄 뿐이다. 교회 방문객들의 질문이나 요청 사항을 이 사람 저 사람에게 돌리다 보면 자칫 공이 땅에 떨어질 수도 있다. 양식을 찾거나, 전화번호를 물어보거나, 이메일을 열어보거나, 전화응답기에 남긴 메시지를 확인하는 과정에서 그런 일이 빈번하게 일어난다. 원칙대로 하자면, 교회 방문객의 질문이나 요청을 가장 먼저 들은 사람이 그것에 대한 책임을 져야 한다. 그럴 때 방문객들에게 감탄을 끌어낼 수 있다.

예를 하나 들어보겠다. 어떤 교회 방문객이 새가족 정보 서비스 센터에서 봉사하고 있는 데비에게 다가와 자기가 며칠 전에 사용했던 온라인 등록 절차에 대해 물어보았다. 데비는 그런 문제에 대해 미처 생각해보지 못했기 때문에 즉시 대답할 수가 없었다. 그래서 정확한 내용을 알아본 다음 연락을 주겠다고 약속하고 방문객의 이름과 전화번호를 적어두었다. 다행히 그녀는 그날 봉사가 끝날 무렵 문제의 해결 방법을 알게 되었다. 데비는 저녁 시간이 되기 전에 그 방문객에게 전화를 해서 문제를 해결해주었다.

> 교회 방문객들의 질문이나 요청 사항을 이 사람 저 사람에게 돌리다 보면 자칫 공이 땅에 떨어질 수도 있다.

그 방문객은 데비가 아니라 다른 누가 전화를 해주었더라도 만족했을 것이다. 그러나 데비의 성실하고 헌신된 자세는 방문객이 교회에서 사람 냄새를 느끼도록 해주었다. 그 방문객이 데비에게 또 다른 요청을 하게 될지 아닐지는 알 수는 없지만, 데비는 한 사람의 마음에 우리 교회의 핵심 가치인 관계 사역을 심었고, 깊은 감동을 주었다.

잘 모르겠는데요

만약 누군가의 질문에 답을 하지 못하겠다면, 그 답이 무엇인지 알아봐야 한다. 답을 모르는 것은 괜찮다. 그러나 답을 모른다고 문제를 방치해서는 안 된다. 답을 찾기 위해 적극적으로 노력해야 한다.

리더로서 우리의 책임은 모든 가능성을 고려해보면서 팀원들에게 유용한 정보를 알려주는 것이다. 정보를 준다는 것은 권한과 책임을 부여하는 것임을 기억하라. 주말 동안 자주 받았던 질문들과 스스로 찾은 답들을 기록해두라. 이러한 정보들을 다른 사람들이 활용할 수 있도록 체계적으로 정리한다면 앞으로 사역을 할 때 무척 유용하게 쓸 수 있을 것이다. "잘 모르겠는데요"라는 말에는 항상 "그렇지만 최대한 알아보고 연락드리겠습니다"라는 말이 뒤따라야 한다.

안 됩니다

물론 "No"라고 대답해야만 할 때가 있다. 정말 안 되는 일이라면 "No"라고 말하지 않을 이유가 없다. 그러나 만약 당신이 교회 방문객이라면 무조건 "Yes"라는 답을 기대할 것이다. 방문객들은 만족스러운 답을 원한다. 아무런 대안도 제시하지 않고 설명도 해주지 않는 상태에서 "안 됩니다"라는 대답을 들으면 불만을 갖게 될 것이다.

빨간 규칙과 파란 규칙을 구분해두면 "안 됩니다"라는 답을 하게 될 가능성들을 상당히 줄일 수 있다. 그러나 항상 "예"라고 답한다면, 특히 교회가 원활하고 효율적으로 운영되게 해주는 파란 규칙들을 어기면서까지 늘 "예"라고 답한다면, 그것은 문제를 초래할 수 있다. 아래의 상황을 가정해보라.

"예배실에 커피를 가지고 들어가도 되나요?"

기억하라. 그레인저 교회에서는 그것이 파란 규칙이다. 별다른 생각 없이 즉각 해줄 수 있는 답은 이것이다. "아니요. 우리 교회에서는 그렇게 하실 수 없습니다." 그러나 그것보다는 "뚜껑이 있는 물병은 예배실 안으로 가지고 가실 수 있습니다. 물병을 몇 개 가져다 드릴까요?"라는 말이 방문객들이 듣기에 훨씬 낫지 않겠는가?

제프리 기토머는 "우리가 할머니에게 할 수 없는 말이라면 고객에게도 하지 말라"라고 했다.[1] 만약 우리가 할머니에게 "안 됩니다"나 "그렇게 할 수 없어요" 혹은 "그렇게 하고 싶지 않아요"라고 말할 수 없다면 교회 방문객들에게도 그렇게 대답해서는 안 된다. 이런 대화에서 할머니를 택한 것은 참 좋은 설정이다. 하지만 교회에는 더 좋은 예가 있다. 예수님은 말씀하셨다. "너희가 여기 내 형제 중에 지극히 작은 자 하나에게 한 것이 곧 내게 한 것이니라"(마 25:40).

교회도 정책이라는 관습에 얽매일 수 있다. "안 됩니다"라는 말이나 원칙적인 대답을 하고 싶을 때는 속으로 '할머니에게 이렇게 말할 수 있을까? 예수님이라면 안 된다고 말씀하셨을까?'라고 질문해보자.

그들은, 당신들은…

사람들은 누구나 남들 앞에서 유능해 보이고 싶어 한다. 어떤 질문에 대한 답을 잘 모르거나 또는 설명하기 어려운 규칙이 있을 때 다른 사람을 비난하고 싶은 마음이 많이 든다. 하지만 자기의 마음에도 그런 유혹이 들어온다는 것을 잘 깨닫지 못한다. 만약 팀원들이 성도들을 '그들'이라고 지칭하면서 "그들이 …라고 말했어"나 "그건 그 사람들에게 달렸지" 또는 "당신들은 …하는 것이 좋을 거예요"라고 말한다면, 이는 그들에게 교회 일꾼으로서의 주인의식이 부족하다는 것을 의미한다. 교회 방문객들이 무심코 이런 말을 듣거나 이런 태도를 곁눈으로 보게 된다면, 그들은 교회를 신뢰하지 않게 될 것이다.

저는 단지 봉사자일 뿐이에요

나는 가게에서 일하는 판매원을 볼 때마다 이렇게 물어본다.

"일은 재미있어요?"

놀랍게도 그들은 "아니요. 이 일을 그만두는 게 나을 것 같아요! 퇴근하려면 앞으로 두 시간이나 남았네요"라고 대답하는 경우가 태반이다.

나는 그런 말을 들을 때마다 이렇게 말하고 싶어진다(물론 실제로 말한 적은 없다). "당신은 마치 나 때문에 하루를 망친 것처럼 말하는군요. 당신은 출근부에 사인을 하고, 하루 종일 서서 가격표를 찍고, 음식을 포장하고, 돈을 받고 계산하는 것이 자신의 일이라고 생각하는 것 같네요. 하지만 당신의 일은 내가 이곳에서 즐거운 마음으로 머물게 해주는 것이랍니다. 내가 당신에게 일거리를 줘서 당신이 월급을 받을 수 있잖아요. 그러니 내게 고마워하세요."

매일매일 똑같이 반복되는 지루한 일을 하면서 스스로를 불행하다고 여기는 사람들이 너무나 많다. 그런 일이 교회에서 일어나서는 절대로 안 된다. 사역에 발을 들여놓은 사람이라면, 사명과 비전이 가득한 상태로 그 일을 해야 한다. 그렇게 할 때 그들은 누구에게도 불평을 늘어놓지 않게 될 것이다.

팀원들은 자신의 열정을 불러일으키고 애착이 가는 일을 맡아서 해야 한다. 이 장의 뒷부분에 있는 '첫인상 사역을 위한 나의 SHAPE 알아보기'를 해보라. 이 평가 도구를 활용하면 자기 일에 얼마나 재미를 느끼고 또 얼마나 보람을 느끼는지 스스로 평가할 수 있다. SHAPE는 자신이 어떤 부분에서 잘 섬길 수 있는지를 자세히 보여줄 것이다.

문제를 기회로 삼으라

예전에 나는 새가족인 샘으로부터 이메일을 받은 적이 있다. 샘은 자기가 교회에서 정확한 정보를 얻지 못했다고 했다. 그리고 교회 운영의 문제점을 자세히 적었다. 솔직히 흥미 있는 내용은 아니었으며, 나는 그의 말이 사실이 아니기를 바랐다.

샘이 말한 내용 중 하나는, 그가 교회에 전화를 했을 때 언제나 자동 안내 음성이 흘러나왔다는 것이었다. 나는 그 말을 믿기 어려웠다. '주중에 교회로 걸려오는 전화들이 많기는 하지만 언제나 그렇지는 않을 텐데.' 그러자 전화를 건 사람들이 자주 찾는 사역들과 쉽게 연결될 수 있도록 설계한 우리 교회의 자동 안내 시스템이 떠올랐다. 사무실로 걸려오는 수많은 전화들을 신속하게 처리하기 위해서 우리가 특별히 고안한 시스템이었다. 우리는 이 시스템을 활용하면 전화 담당자가 보다 많은 문의에 응대할 수 있으며, 성도들도 편리하게 원하는 부서와 연결될 수 있을 것이라고 기대했다. 하지만 한 가지 문제(매일 걸려오는 엄청난 양의 전화를 관리하는 것)를 해결하려던 우리의 노력은 또 다른 문제를 발생시켰다. 살아 있는 사람의 목소리로 전화를 받아서 친절하고 생동감 있는 자세로 해당 부서에 연결해줄 수 없다는 것이었다. 결국 우리가 찾은 해결책은 방문객들의 필요를 채워주지 못했다. 이후 우리는 전화 시스템을 바꾸어 방문객들의 전화를 사람이 직접 응대하게 했다.

방문객들이 교회가 자기들을 성의 없이 대한다고 느낀다면, 그 문제는 곧바로 교정되어야 한다. 비록 교회 편에서는 그렇게 하는 것이 별다른 차이가 없다 하더라도 말이다. 누군가 자신을 성의 없이 대한다고 느낀다면 그다음에 이어지는 일은 대부분 관계 단절이다. 내 경험상 고객이 거래처나 어떤 단체와 관계를 끊는 이유는 미숙함 때문도 아니고 무례함 때문도 아니다. 상대방의 성의 없는 태도 때문이다. 사람들은 성의 없는 태도를 용납하지 않는다.

샘은 우리 교회에 나오기 전에 '교회의 규모가 너무 커서 성도들과 방문객들을 섬세하게 돌보지 못하는 것은 아닌가?' 하는 의문을 품었다고 했다. 그는 우리 교회가 무성의하고, 차가우며, 비인격적일지도 모른다고 생각했다. 나는 샘처럼 사람들이 교회에 대해 막연한 느낌을 가지고 있다가 교회를 실제로 겪어보고 난 뒤 '내 느낌이 맞았구나' 하는 것이 아니라 오히려 '내가 편견을 가지고 있었구나'라고 생각하게 되길 바란다.

나는 이메일을 받은 지 48시간이 지나기 전에 샘에게 전화를 걸었다. 그러고는 그가 우리 교회에서 느낀 점들에 대해 직접 만나 이야기를 나누자고 제안했다. 그는 내 말을 듣고 무척 놀랐지만 제안에 기꺼이 응해주었다.

직접 만나서 대화를 나눠보니 샘은 은혜롭고 통찰력이 뛰어난 전문가 같았다. 그는 우리 교회와 통화하기가 너무나 어려웠으며, 그런 이유로 우리 교회를 선택한 것에 대해 후회한다고 말했다. 나는 그에게 사과했으며, 전화 연결 과정에서 드러난 문제점을 개선하겠다고 말했다. 그리고 그의 말을 들으면서 우리 교회에 필요한 점을 기록했다.

목회자들과 사역 팀원들이 긍정적인 피드백을 주로 듣는다면, 사람들의 불평을 가볍게 여기고 부정적인 피드백의 의미를 축소시키기가 쉽다. 그러나 사실은 불만을 가진 사람들 중 5퍼센트만이 목소리를 낼 뿐이다. 95퍼센트가 침묵하고 있기 때문에 사람들은 5퍼센트의 목소리를 무시하고 지나쳐버리기 쉽다. 그러나 나는 5퍼센트의 목소리에 귀를 기울여야 한다는 것을 안다. 그들은 스스로 생각하는 것보다 또는 내가 생각하는 것보다 훨씬 더 많은 사람들을 대표하고 있다.

나는 샘에게 그 사실을 인정했으며, 그가 용기 있게 이메일을 보내준 것과 또 나를 만나준 것에 대해 감사의 마음을 전했다. 또한 그가 말한 것들이 내가 듣고 싶은 내용이든지 아니든지 간에, 나는 그가 언급해준 문제점을 해결하길 원한다고 말했다. 샘은 자신의 의견이 존중받는다는 것을 느꼈고, 이후 우리는 샘이 언급한 문제에 대해 깊이 토론할 수 있었다. 나는 '우리'라는 말을 썼다. 왜냐하면 그는 문제 해결의 일부가 되어주었기 때문이다. 우리는 앞으로도 종종 만나자고 약속했는데, 특히 그는 교회의 허점을 바로잡는 일에 관심을 보였다.

사람들이 불평, 불만족을 표할 때는 그들의 말에 귀를 기울이라. 자기를 방어하려는 본능을 극복하라. 교회 방문객들을 먼저 생각하라. 이런 문제들을 맞닥뜨렸을 때 오히려 당신 교회의 사명과 비전을 새롭게 하고, 하나님의 영이 그 문제들을 통해 당신과 교회의 사역을 발전시키시도록 하라.

모든 비판이 가치 있는 것은 아니다

사람들이 불평, 불만족을 표할 때는 그들의 말에 귀를 기울이라.

그러나 당신이 사과를 하지 말아야 할 때도 있다. 당신은 은혜로운 태도로 교회 방문객들에게 설명해줄 수 있다. 그러나 방문객들의 불만이 교회의 사명 그리고 사역의 철학과 관련되어 있다면 그것을 바꾸려고 해서는 안 된다. 사역의 목적과 섬기는 방법은 그대로 지켜나가야 한다.

그레인저 교회는 사람들이 교회의 특징에 대해서, 복음을 증거할 때 문화적인 면으로 접근하는 것에 대해서, 교회의 사명에 대해서 목소리를 높일 때는 결코 그들에게 미안하다는 말을 하지 않는다. 이는 오랫동안 우리 교회에서 신앙생활을 했던 성도들 중에 '비전 누수 현상'을 앓고 있는 사람들, 또는 특정한 신앙적 배경을 가지고 우리 교회에 새로 나온 성도들이 종종 하는 말이다. 우리는 그들에게 핵심 교육 과정에 참여하여 우리 교회의 비전, 가치, 목적, 독특한 사역 방법들을 배우라고 권한다. 교회 방문객들이나 기존 성도들이 우리 교회의 비전을 붙들고 사명에 발맞추어 나아가게 되면 이러한 불평은 사라질 것이다.

교회 방문객이 다소 불만을 느낀다 하더라도 은혜롭고 열린 마음으로 그들에게 다가가면 그들을 감동시킬 수 있는 엄청난 가능성이 당신의 교회에 잠재되어 있다. 방문객들을 존중해주고, 그들의 의견에 귀를 기울이며, 그들의 삶을 용납하라. 그들은 그 자체로도 교회가 자신들을 환영한다고 느끼며 감동을 받게 될 것이다.

틀을 깨고 감동을 창출하라

기억하라. 감탄은 당신의 입이 아니라 교회 방문객의 입에서 나와야 한다. 그것은 그들의 발걸음을 다시금 교회로 향하게 해서 그들이 하나님의 사랑을 체험하도록 이끌어준다.

첫인상은 정말 중요하다. 첫인상은 데이트를 할 때도, 일자리를 얻기 위해 면접을 볼 때도, 교회 사역을 할 때도 중요하다. 당신은 미리미리 대비함으로써 사람들이 당신의 교회에서 보다 좋은 경험을 하도록 도와줄 수 있다.

틀을 깨라. 찾아온 사람들을 더욱 잘 섬길 수 있는 가능성은 얼마든지 있다. 하나님은 사람들을 소중하게 여기시며 당신의 교회도 그렇다는 것을 그들이 분명하게 느끼도록 해주라. 그들의 입에서 "와!"라는 감탄이 나오게 하라.

첫인상 사역을 위한 나의 SHAPE 알아보기

이름 _____

연락처 _____

소속팀 _____

나의 리더 _____

어떻게 하나님이 나의 SHAPE를 사용하셔서 내가 이 사역에서 주어진 역할을 잘 감당할 수 있도록 하실지 알아보자.

● 영적인 은사들을 활용하는 정도:

전혀 활용하지 못한다.	확실히는 모르겠지만 활용하는 것 같다.	어느 정도 활용한다.	은사들을 사용할 수 있어서 좋다.	아주 만족스럽다!

/...0....................1....................2....................3....................4.../

● 맡은 역할에 나의 마음과 열정을 쏟아붓는 정도:

전혀 마음이 가지 않는다.	확실히는 모르겠지만 마음이 가는 것 같다.	어느 정도 마음이 간다.	열정을 분명히 쏟게 된다.	아주 만족스럽다!

/...0....................1....................2....................3....................4.../

● 나의 능력을 사용하는 정도:

전혀 사용하지 않는다.	확실히는 모르겠지만 사용하는 것 같다.	어느 정도 사용한다.	능력을 사용할 수 있어서 좋다.	아주 만족스럽다!

/...0....................1....................2....................3....................4.../

● 나의 성격을 표현하는 정도:

| 전혀 표현하지 않는다. | 확실히는 모르겠지만 표현하는 것 같다. | 때때로 표현한다. | 성격을 잘 표현할 수 있다. | 아주 만족스럽다! |

/...0................1................2................3................4.../

● 나의 과거 경험이 긍정적인 영향을 주고 있는 정도:

| 전혀 영향을 주지 못한다. | 확실히는 모르겠지만 주는 것 같다. | 어느 정도 주는 것 같다. | 가치 있게 여기는 것 같다. | 아주 만족스럽다! |

/...0................1................2................3................4.../

● 전반적으로 볼 때 나의 SHAPE가 이 역할에서 드러난다고 말할 수 있다.

| 전혀 그렇지 않다. | 확실히는 모르겠지만 그런 것 같다. | 어느 정도 그런 것 같다. | 잘 드러나서 좋다. | 아주 만족스럽다! |

/...0................1................2................3................4.../

만약 당신의 답이 "아주 만족스럽다!" 이하로 나왔다면 시간을 내서 아래의 가능성들에 대해 깊이 생각해보라.

● 나는 나의 SHAPE에 맞는 다른 사역을 알아볼 필요가 있다. 사역 지도부 또는 사역 팀원들과의 관계에 문제가 있는 것은 아니다.

● 나는 이 사역 내에서 다른 역할을 찾아봐야 할 필요가 있다. 나는 이 사역에 대한 열정이 있고 이 사역이 내게 맞는 영역이라고 확신한다. 내가 이 사역 내에서 알아보고 싶은 다른 역할들은 다음과 같다.

_____

_____

- 나는 사역을 섬기는 나의 태도, 나의 존재감, 성공적인 팀워크를 가능하게 하는 능력, 사역을 섬기는 재미에 SHAPE 이외의 어떤 다른 요소가 악영향을 주고 있다고 생각한다. 다른 요소들이 사역에서 만족감을 누리지 못하게 방해한다(해당 사항이 있으면 표시하시오).

  ☐ 나의 영적인 여정에 더 관심을 쏟는 것이 필요하다. 나는 하나님과 인격적인 관계를 깊이 맺고 싶다.

  ☐ 현재 이 사역에 너무 많은 에너지를 쏟고 있어서 가족 또는 친구들과의 관계가 소원해지고 있다.

  ☐ 직장, 학교, 또는 시간을 요구하는 다른 일들이 많아서 이 사역과 병행하는 것이 벅차다.

  ☐ 나는 이 사역 팀에 속한 사람들과의 관계가 원만하지 못한 것처럼 느껴진다.

  ☐ 기타 _____

나는 내년에 첫인상 사역에서 섬기고 싶습니다.

☐ 예   ☐ 아니요

한 걸음 더 나아가기

1 당신 교회의 빨간 규칙들 중에서 파란 규칙으로 바꿔야 할 것들은 무엇인가? 당신은 그것을 어떻게 바꿀 수 있는가?

2 교회 성도들로부터 '감동을 파괴하는 요소들'이 무엇인지 들어보라. 그 원인이 무엇이라고 생각하는가? 비전이 조금씩 힘을 잃어가고 있는가? 의사소통이 원활하지 못한 영역이 있는가? 손상된 부분을 다시 회복시키기 위해 당신이 할 수 있는 일은 무엇인가?

3 당신 교회의 사역 팀원 중에서 그의 성격, 적성, 협력하는 자세와 관련해 당신이 따로 만나서 이야기해봐야 할 사람이 있는가? 당신은 어떻게 그 대화를 은혜롭게 이끌어갈 것인가? 그가 자신을 교회 사역에 꼭 필요한, 가치 있는 사람이라고 느끼도록 해주려면 어떻게 해야 할까?

에필로그

주님처럼 섬기라

길고 지루했던 하루가 막 끝날 무렵이었다. 먼 여행으로 다들 녹초가 되었다. 그런데 행정을 담당하는 제자들의 분위기가 심상치 않았다. 숙소를 잘못 잡았다고 생각한 것이다. 어떤 제자들은 자기들을 에워싼 미디어와 군중들로부터 빠져나오려고 애를 썼다. 그들은 그런 상황을 좋아하지 않았다. 그러나 이상하게도 그분은 큰 도시로 가고 싶어 하셨다. 그분은 복잡한 도시에서, 제자들과 함께 특별한 저녁 시간을 보낼 수 있는 조용한 방에 머물기를 원하셨다.

 그래서 그들은 수많은 군중들의 환영을 받으며 영광스럽게 그 도시로 들어갔다. 그 과정은 그들이 예상한 대로 무척 힘들었다. 도시에 들어서자마자 그분은 몇 명의 제자들에게 그날의 특별한 저녁 시간을 준비시키셨다.

 저녁 시간이 다가왔다. 그들은 빙 둘러앉아 대화를 나누었다. 말싸움이 시작되었다. 주차를 담당할 사람들, 음식을 가져다줄 사람들, 음식을 차리고 치울 사람들이 없었다. 그들은 문 앞에 서서 누가 제일 먼저 앉을 것인지, 누가 사람들의 겉옷을 받아서 걸어둘 것인지, 누가 음식을 준비해서 나르고 설거지를 할 것인지에 대해 말싸움만 하고 있었다.

 그분은 머리를 가로저으셨다. 그러고는 언쟁을 벌이는 제자들에게로 가서 그들의 겉옷을 받아주셨다. 손수 음식을 옮기셨다. 그 모습을 보자 제자들은 안절부절못했다. 그들은 자기들이 잘못했음을 깨달았다. 누가 섬길 것인지에 대한 언쟁은 곧 부끄러운 마음으로 바뀌었다. 그분은 이제 상을 차리기 시작하셨다.

 예수님의 제자들은 저녁 식사를 하려고 방으로 들어왔지만 그들의 발을 씻어줄 하인이 없었다. 예수님은 제자들 한 사람 한 사람의 발을 씻기기 시작하셨다. 그분은 "내가 진실로 진실로 너희에게 이르노니 종이 주인보다 크지 못하고 보냄을 받은 자가 보낸 자보다 크지 못하나니 너희가 이것을 알고 행하면 복이 있으리라"(요 13:16-17)라고 말씀하셨다. 내 귀에 예수님의 음성이 들려온다. "나를 따르라. 너도 내가 하는 그대로 하라. 이것이 네가 내 눈앞에서 위대해질 수 있는 길이다."

 고객 서비스에 관한 책이 나오기 전에, 교회 방문객들을 어떻게 섬길 것인지에 대한 세미나가 열리기 전에, 첫인상이라는 말이 사용되기도 전에, 예수님은 우리에게 본을 보여주셨다. 섬김은 우리가 수건을 손에 드는 것에서부터 시작된다. 다른 사람의 발을 씻기려면 무릎을 꿇어야 한다. 다른 사람의 발을 씻기려면 하인의 자세로 그들에게 집중해야 한다.

첫인상 사역은 손에 수건을 들고 무릎을 꿇은 채로 다른 사람들에게 집중하는 것이다. 이 사역은 누군가를 섬기는 일에서 가장 첫째 되고 가장 중요한 사역이다. 우리에게는 한 가지 목표가 있다. 우리 교회 방문객들이 우리의 주인이 누구이신지를 알아보고 그분께 다가서는 것이다.

바로 예수님께로 말이다.

주

프롤로그: 사람들은 첫인상으로 판단한다
1. B. Joseph Pine II and James H. Gilmore, *The Experience Economy* (Boston: Harvard Business School Press, 1999), 37.

1. 교회, 소비자를 맞이하다
1. Jeffrey Gitomer, *Customer Satisfaction Is Worthless, Customer Loyalty Is Priceless* (Atlanta: Bard Press, 1998), 35.
2. *Delivering Knock Your Socks Off Service* by Kristin Anderson and Ron Zemke (New York: American Management Association, 2003), 29에서 인용.《서비스 달인의 비밀 노트 1》(세종서적, 2014).

2. 그들은 만족이 아니라 감동을 원한다
1. Fred Crawford and Ryan Mathews, *The Myth of Excellence* (New York: Three Rivers Press, 2001) 164-165.《소비자 코드를 제대로 읽어라》(뜨인

돌, 2001).
2. Rick Warren, *The Purpose Driven Church* (Grand Rapids, MI: Zondervan Publishing House, 1995), 158.《새들백교회 이야기》(디모데, 1996).
3. Anna Muoio, "Beyond the City Limits," FastCompany (July 2000), 228.
4. Stephen Covey, *The Seven Habits of Highly Effective People* (New York: Simon & Schuster,1989), 235.《성공하는 사람들의 7가지 습관》(김영사, 1994).
5. Benson Smith and Tony Rutigliano, gallup.com, March 13, 2003.

3. 스스로 찾아온 영혼을 놓치지 말라

1. Stephen Covey, *The Seven Habits of Highly Effective People* (New York: Simon & Schuster, 1989), 95.《성공하는 사람들의 7가지 습관》(김영사, 1994).
2. Jeffrey Gitomer, *Customer Satisfaction Is Worthless, Customer Loyalty Is Priceless* (Atlanta: Bard Press, 1998), 98.
3. Jim Collins, *Good to Great* (New York: HarperCollins Publishers, Inc., 2001), 13.《좋은 기업을 넘어 위대한 기업으로》(김영사, 2002).
4. Rick Warren, *The Purpose Driven Life* (Grand Rapids, MI: Zondervan, 2002), 237.《목적이 이끄는 삶》(디모데, 2003).
5. John Maxwell, *The 21 Irrefutable Laws of Leadership* (Nashville, TN: Thomas Nelson, Inc., 1998), 89.《존 맥스웰 리더십 불변의 법칙》(비즈니스북스, 2010).
6. Andy Stanley, *Visioneering* (Sisters, OR: Multnomah Publishers, Inc, 1999), 106.《비저니어링》(디모데, 2003).

5. 철저한 준비가 감동을 만들어낸다

1. Ken Blanchard, John P. Carlos, and Alan Randolph, *Empowerment Takes More Than a Minute* (New York: MJF Books, 1996), 77.

7. 진심을 전하려면 훈련이 필요하다

1. Laurie Beth Jones, *Teach Your Team to Fish* (New York: Crown Business, 2002), 111.《최고 팀빌더 예수》(한언, 2002).
2. *50 Powerful Ideas You Can Use to Keep Your Customers* by Paul R. Timm (Franklin Lakes, NJ: Career Press, 2002), 45를 Bert Decker가 인용.《고객 서비스 전략》(멘토르, 2006).

8. 주보만 바꿔도 첫인상이 달라진다

1. Jesper Kunde, *Corporate Religion* (London: Pearson Education Limited, 2000), 59.
2. Maurilio Amorim, "Church Branding or Marketing? What's the Difference?" http://www.maurilioamorim.com/2011/04/church-branding-or-marketing-whats-the-difference/.

9. 전화 한 통이 마음을 움직인다

1. Jim Collins, *Good to Great* (New York: HarperCollins Publishers, Inc., 2001), 209.《좋은 기업을 넘어 위대한 기업으로》(김영사, 2002).

10. 감동의 싹을 자르지 말라

1. Jeffrey Gitomer, *Customer Satisfaction Is Worthless, Customer Loyalty Is Priceless* (Atlanta: Bard Press, 1998), 123.
2. Paul R. Timm, *50 Powerful Ideas You Can Use to Keep Your Customers* (Franklin Lakes, NJ: Career Press, 2002), 19.《고객 서비스 전략》(멘토르, 2006).

돌, 2001).
2. Rick Warren, *The Purpose Driven Church* (Grand Rapids, MI: Zondervan Publishing House, 1995), 158.《새들백교회 이야기》(디모데, 1996).
3. Anna Muoio, "Beyond the City Limits," FastCompany (July 2000), 228.
4. Stephen Covey, *The Seven Habits of Highly Effective People* (New York: Simon & Schuster,1989), 235.《성공하는 사람들의 7가지 습관》(김영사, 1994).
5. Benson Smith and Tony Rutigliano, gallup.com, March 13, 2003.

3. 스스로 찾아온 영혼을 놓치지 말라

1. Stephen Covey, *The Seven Habits of Highly Effective People* (New York: Simon & Schuster, 1989), 95.《성공하는 사람들의 7가지 습관》(김영사, 1994).
2. Jeffrey Gitomer, *Customer Satisfaction Is Worthless, Customer Loyalty Is Priceless* (Atlanta: Bard Press, 1998), 98.
3. Jim Collins, *Good to Great* (New York: HarperCollins Publishers, Inc., 2001), 13.《좋은 기업을 넘어 위대한 기업으로》(김영사, 2002).
4. Rick Warren, *The Purpose Driven Life* (Grand Rapids, MI: Zondervan, 2002), 237.《목적이 이끄는 삶》(디모데, 2003).
5. John Maxwell, *The 21 Irrefutable Laws of Leadership* (Nashville, TN: Thomas Nelson, Inc., 1998), 89.《존 맥스웰 리더십 불변의 법칙》(비즈니스북스, 2010).
6. Andy Stanley, *Visioneering* (Sisters, OR: Multnomah Publishers, Inc, 1999), 106.《비저니어링》(디모데, 2003).

5. 철저한 준비가 감동을 만들어낸다

1. Ken Blanchard, John P. Carlos, and Alan Randolph, *Empowerment Takes More Than a Minute* (New York: MJF Books, 1996), 77.

7. 진심을 전하려면 훈련이 필요하다

1. Laurie Beth Jones, *Teach Your Team to Fish* (New York: Crown Business, 2002), 111.《최고 팀빌더 예수》(한언, 2002).
2. *50 Powerful Ideas You Can Use to Keep Your Customers* by Paul R. Timm (Franklin Lakes, NJ: Career Press, 2002), 45를 Bert Decker가 인용.《고객 서비스 전략》(멘토르, 2006).

8. 주보만 바꿔도 첫인상이 달라진다

1. Jesper Kunde, *Corporate Religion* (London: Pearson Education Limited, 2000), 59.
2. Maurilio Amorim, "Church Branding or Marketing? What's the Difference?" http://www.maurilioamorim.com/2011/04/church-branding-or-marketing-whats-the-difference/.

9. 전화 한 통이 마음을 움직인다

1. Jim Collins, *Good to Great* (New York: HarperCollins Publishers, Inc., 2001), 209.《좋은 기업을 넘어 위대한 기업으로》(김영사, 2002).

10. 감동의 싹을 자르지 말라

1. Jeffrey Gitomer, *Customer Satisfaction Is Worthless, Customer Loyalty Is Priceless* (Atlanta: Bard Press, 1998), 123.
2. Paul R. Timm, *50 Powerful Ideas You Can Use to Keep Your Customers* (Franklin Lakes, NJ: Career Press, 2002), 19.《고객 서비스 전략》(멘토르, 2006).

국제제자훈련원은 건강한 교회를 꿈꾸는 목회의 동반자로서 제자 삼는 사역을 중심으로 성경적 목회 모델을 제시함으로 세계 교회를 섬기는 전문 사역 기관입니다.

감동이 있는 교회는 첫인상부터 다르다

초판 1쇄 발행 2007년 12월 17일
개정판 1쇄 발행 2015년 12월 31일
개정판 4쇄 발행 2016년 6월 27일

지은이 마크 L. 왈츠
옮긴이 서진희

펴낸이 박주성
펴낸곳 국제제자훈련원
등록번호 제2013-000170호(2013년 9월 25일)
주소 서울시 서초구 효령로68길 98(서초동)
전화 02)3489-4300 **팩스** 02)3489-4329
이메일 dmipress@sarang.org

ISBN 978-89-5731-701-3 03230

※ 책값은 뒤표지에 있습니다. 잘못된 책은 구입하신 곳에서 교환해드립니다.